Damarla Jaya Kumari

Um relatório de dissertação sobre a Banca Online Segura

Damarla Jaya Kumari

Um relatório de dissertação sobre a Banca Online Segura

Banca Online Segura

ScienciaScripts

Imprint

Cover image: www.ingimage.com

This book is a translation from the original published under ISBN 978-3-659-86312-7.

Publisher:
Sciencia Scripts
is a trademark of
Dodo Books Indian Ocean Ltd. and OmniScriptum S.R.L publishing group

120 High Road, East Finchley, London, N2 9ED, United Kingdom
Str. Armeneasca 28/1, office 1, Chisinau MD-2012, Republic of Moldova, Europe
Managing Directors: Ieva Konstantinova, Victoria Ursu
info@omniscriptum.com

Printed at: see last page
ISBN: 978-620-8-38945-1

Índice

Resumo

As instituições financeiras são os maiores motivadores dos tecnocratas em termos de informação e de transacções em linha. As instituições bancárias avançaram no domínio da tecnologia. São as primeiras a adotar as tecnologias mais recentes. Esta década é dedicada à banca em linha. Os bancos fornecem o serviço desde há muito tempo, mas a sua implementação entre os clientes não corresponde às expectativas. Mas, após o reforço da segurança na banca em linha, os bancos esforçar-se-ão por conseguir que mais clientes utilizem a banca em linha. O cenário atual aumenta o ritmo da banca em linha. Apesar disso, a segurança e outros condicionalismos dificultam o crescimento da banca em linha. Para alcançar um grande sucesso, os bancos e os seus parceiros de soluções de TI implementam várias metodologias de segurança, como a implementação de uma camada de soquete seguro, protocolos de segurança e deteção de fraudes, métodos de autenticação de duas vias para autorizar transacções. O SSL estabelece uma ligação segura que aumenta a segurança da banca em linha na transmissão de bits. Este relatório de dissertação discute as potenciais ameaças e a sua solução, os aparelhos e a sua implementação para tornar a banca em linha segura. Estas questões foram investigadas com uma abordagem qualitativa para fornecer uma solução imperial para tornar a banca em linha mais segura. A encriptação de dados e a firewall são os esquemas de segurança básicos. Atualmente, os sistemas de pagamento são desenvolvidos com inteligência artificial que permite ao sistema detetar fraudes ou transacções não autorizadas. Um teclado virtual com opção de palavra-passe gráfica é outra forma de proteger os clientes de actividades fraudulentas.

1.0 Revisão da literatura

Esta parte do relatório aborda a terminologia básica relativa à banca em linha e os factores que a afectam.

O que é a banca online?

Os bancos permitem que os seus clientes acedam aos serviços bancários a partir do local que preferirem, com a ajuda de numerosos dispositivos electrónicos, como computadores, tablets, smartphones, etc. O custo de utilização é insignificante. Trata-se de um serviço prestado pelas instituições bancárias aos seus clientes. A banca em linha também ajuda os bancos a consagrarem os seus recursos a outras tarefas que aumentarão a sua capacidade de serviço. O pagamento de facturas, a transferência de fundos em linha e muitos outros serviços são prestados no âmbito da banca via Internet. Esta solução proporciona grande comodidade aos utilizadores da banca em linha. A banca por telemóvel inteligente é o novo paradigma da banca em linha.

Conceito de Banca Online

A banca em linha fornece serviços como consulta de saldos, mini extractos, transferência de fundos, pedidos de empréstimo, depósitos recursivos e fixos, etc., através da Internet. A banca em linha pode ser designada por banca pela Internet, que faz com que o serviço bancário esteja a um passo de distância dos clientes. Michael Karlin, presidente do primeiro banco em linha do mundo, apresenta o conceito de banco em linha, que é o seguinte

- O utilizador não precisa de comprar software e aplicações, não precisa de guardar e fazer cópias de segurança dos dados e outras tarefas porque todos os dados e informações são guardados no servidor do banco.
- A banca em linha pode ser acedida a partir de qualquer lugar, mas o utilizador deve ter um computador e uma ligação à Internet. O local pode variar consoante a localização geográfica.
- Estará disponível 24X7 e 365 dias. Permite ao cliente do banco resolver pequenas questões, ou seja, trabalhos em papel.

Banca em linha: A oportunidade

Estamos na era da Internet. Esta liga mais pessoas do que qualquer outra restrição. A Internet é um céu aberto para a banca e outras instituições financeiras renovarem a sua estrutura organizacional. A banca online é benéfica para as organizações financeiras, uma vez que reduz os seus esforços nas tarefas operacionais e na gestão funcional. A banca em linha é também um meio para esta organização se relacionar diretamente com os seus clientes. Se considerarmos o marketing do novo produto dos bancos, os bancos promoverão facilmente os seus novos esquemas junto do público-alvo sem investir em promoções. A acessibilidade ao público-alvo é uma tarefa muito difícil no marketing. No entanto, os bancos em linha fazem-no com facilidade.

Vantagens da Banca Online

A banca em linha oferece muitas vantagens aos bancos e aos clientes, que são as seguintes

o Satisfação do cliente - uma vez que a banca em linha está acessível 24 horas por dia, 7 dias por semana, dá liberdade aos clientes para efectuarem transacções sempre que quiserem. Isto funcionará como um fator de satisfação para os clientes. Para um banco, o número de canais de distribuição desempenha um papel vital na satisfação dos seus clientes. O serviço bancário em linha ajuda os bancos a obterem publicidade através da boca dos seus clientes actuais e, possivelmente, de novos clientes. É uma verdade universal que um cliente só recomenda um produto quando está plenamente satisfeito com ele.

o Oferta fácil de produtos: A banca em linha facilita às organizações bancárias e financeiras a captação de um grande grupo de pessoas com os mesmos interesses. O momento atual é de concorrência estrangulada, em que um banco tem de reter os seus clientes actuais e acrescentar mais clientes ao banco. Reter clientes significa conseguir um maior envolvimento dos clientes com novos produtos. Os bancos competem com as companhias de seguros, as sociedades de fundos de investimento e outras instituições financeiras. Por outras palavras, a banca em linha é a forma mais fiável e acessível de oferecer novos produtos e serviços. Este serviço funciona como uma ponte de relações entre os clientes e o banco.

o Aumentar a retenção de clientes: As pessoas mudam de banco quando se deslocam de uma região para outra. As pessoas desejam que o serviço bancário esteja ao seu alcance. Neste caso, a banca em linha contribui para a fidelização dos clientes. Pode ser feito através da transferência de conta, mas isso exige algumas formalidades em papel. Os serviços bancários em linha são concebidos de forma a fornecer ao cliente os serviços de uma agência. Estas "sucursais" em linha dos bancos aumentam o número de novos clientes e reduzem igualmente o número de clientes que mudam de banco devido à transferência de local.

o Amenidades de venda cruzada: Os cookies são utilizados nos serviços bancários em linha para garantir a segurança. Também são úteis para seguir o rasto dos clientes. O banco utiliza estes pormenores para disponibilizar serviços mais convenientes aos seus clientes. As informações dos cookies integradas na base de dados do cliente permitem aos banqueiros promover um produto mais relacionado com esse produto específico. A ferramenta de personalização e monitorização é utilizada para escolher anúncios distintos para produtos de venda cruzada. A banca em linha permite que os bancos obtenham um êxito tão grande nas campanhas de promoção de produtos e alcancem um êxito elevado na venda cruzada de produtos.

o Reduzir os custos globais: A banca em linha reduz os custos globais das instituições bancárias e financeiras. Os custos globais aplicam-se ao processamento das transacções e à expansão das suas agências para chegar a mais clientes. A banca em linha ajuda o banqueiro a reduzir ambos os custos. A banca em linha permite que os clientes efectuem as suas transacções por si próprios, o que resulta numa redução dos custos necessários para o processamento das transacções. As transacções bancárias em linha requerem custos muito baixos para servir um grande número de clientes. A Internet tem uma grande capacidade de alcance, pelo que, para chegar a mais clientes, a banca em linha também ajuda a atingir este objetivo. A abertura de uma nova agência requer fundos avultados. A banca em linha é útil tanto para os bancos como para os clientes, poupando-lhes esforços.

o Gerar receitas adicionais: a banca em linha é um serviço prestado pelos bancos aos seus clientes. Para este serviço, os bancos cobram uma taxa aos seus clientes que aumentará as receitas dos bancos. A taxa de serviço pode depender do número de transacções, do tipo de contas e do nível de serviço solicitado. Para além das taxas, os bancos podem gerar receitas através da venda cruzada de produtos e da partilha dos interesses dos clientes com outras organizações de marketing, de modo a atingir os clientes de forma mais precisa.

Fator de segurança para a banca online

A segurança é o principal fator de sucesso da banca em linha. É verdade que a segurança é também o maior obstáculo ao crescimento da banca em linha. O crescimento da banca em linha refere-se ao número de clientes que utilizam e pretendem adquirir a banca em linha. Para os bancos, a implementação da segurança da banca em linha é a principal preocupação. O mesmo acontece com os clientes. A maior parte das questões de segurança relacionadas com a banca em linha foram resolvidas. Os últimos cinco anos foram anos de mudança para o avanço da segurança na banca em linha. Foi atingido um nível de segurança que permite a realização de transacções seguras e económicas, mesmo em redes públicas. São implementados vários serviços de segurança na banca em linha para a tornar segura, nomeadamente proteção por firewall, técnicas de encriptação (64 ou 128 bits) e certificados digitais. Todos estes serviços combinados criam um ambiente seguro para transacções seguras na banca em linha. O maior problema é que a vulnerabilidade está a desenvolver-se com o tempo. As transacções bancárias em linha nunca podem ser perfeitamente seguras em comparação com as transacções efectuadas nas agências bancárias. Também é verdade que nunca é tão inseguro que não possa ser utilizado para poupar esforços e custos. Esta é uma questão que deve ser tratada com cuidado. As instituições bancárias têm de atualizar os seus sistemas porque, à medida que a tecnologia cresce, as ameaças aumentam. A educação do cliente relativamente à banca em linha é também um aspeto da segurança da banca em linha. É necessário adotar uma abordagem adequada para as questões sensíveis da banca em linha. A privacidade do cliente não deve ser perturbada. (hynes, 2015)

2.0 Ameaças potenciais na banca em linha

Para tornar a atividade bancária em linha segura, é necessário compreender as potenciais ameaças e vulnerabilidades que constituem um obstáculo à sua implementação bem sucedida. Basicamente, a banca em linha divide-se em dois segmentos. Em ambos, o meio é a Internet e os serviços prestados são comuns. O primeiro é o Internet banking (pc banking) e o segundo é o Mobile banking. As ameaças consideram-nas iguais porque a fonte é a mesma. Na banca em linha, o conhecimento de potenciais ameaças ocorre de ambos os lados. A segurança da banca em linha não depende apenas de uma única coisa. Depende das práticas e das camadas de proteção implementadas e, com igual peso, a segurança depende da literacia do cliente ou do utilizador final. A literacia significa que a pessoa que utiliza a banca em linha está ciente das políticas de segurança e conhece os terminais para a utilizar. As instituições bancárias têm de lhes dar formação para evitar a possibilidade de pirataria na sua conta, porque isso pode tornar-se um problema grave também para o banco. A segurança contra ameaças foi sempre um desafio para as organizações bancárias, uma vez que estas destroem a integridade e a confidencialidade da informação. A principal responsabilidade é das instituições bancárias que prestam serviços aos clientes. Quando o cliente acede ao servidor do banco, será um alvo fácil para os intrusos se o sítio Web do banco não estiver em conformidade com as normas de segurança. Esta parte do relatório aborda as ameaças e os problemas da banca em linha para ambas as partes, ou seja, para o banco e para o cliente. (Kaur Jassal e Kumar Sehgal, 2015)

2.1 Questões de segurança e ameaças para e das organizações bancárias

- Imperfeições nos sítios Web dos bancos:
- Falhas nas políticas bancárias
- Fraca usabilidade dos utilizadores e sensibilização dos clientes

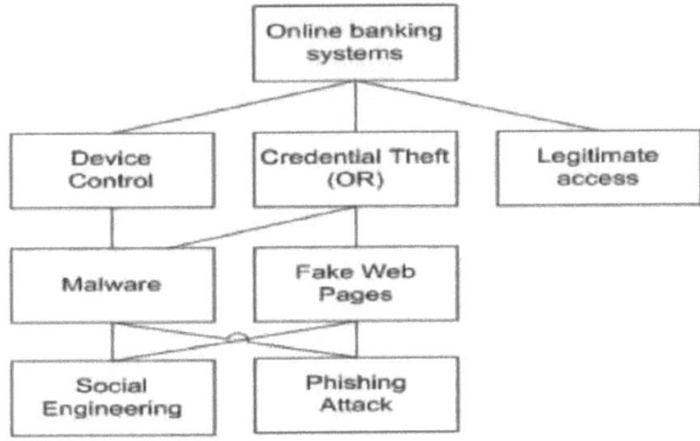

Figura 1-Modelo de árvore de ataque

2.1.1 Imperfeições nos sítios Web do sector bancário:

Um estudo recente efectuado pela Universidade de Michigan revela que 75% dos 216 sítios Web têm pelo menos uma imperfeição de conceção. Esta imperfeição conduzirá ao roubo de informações dos clientes do banco. A imperfeição de conceção não é um erro, é uma falha. Estas falhas são difíceis de detetar, uma vez que os bancos em linha são aplicações complexas. Os patches não podem corrigir estas falhas. É necessário implementar uma camada de soquete seguro em todo o sítio Web de um determinado banco para evitar estas falhas e ligações incorrectas aos sítios Web. A natureza dos sítios Web dos bancos é muito sensível, pois permitem que o utilizador aceda à sua base de dados. Estes sítios Web são as principais prioridades dos intrusos e dos hackers. Lançam uma série de algoritmos para capturar a transação do sítio Web. Os sítios web que são fracos serão certamente afectados por estes ataques. Os ataques automatizados são as novas ameaças nos serviços bancários em linha. As imperfeições nos sítios Web dos bancos conduzem a um aumento das ameaças, como o cross site scripting, a fuga de informações, etc. O cross-side é a ameaça mais dominante. De acordo com o relatório White Hat de 2011, provoca vulnerabilidades de grande impacto. O relatório descreve que aumenta em 55% as probabilidades de ocorrência de vulnerabilidades. O cross side scripting é descrito como scripts maliciosos injectados por intrusos ou hackers. Estes scripts maliciosos são capazes de contornar o mecanismo de segurança do utilizador final e obter acesso ao sistema.

A fuga de informação é também uma vulnerabilidade com impacto. Está classificada logo a seguir ao cross side scripting. De acordo com o relatório da White Hat, até 2010, foi encontrada em 64% dos sítios Web de instituições financeiras e ocupou o primeiro lugar entre as vulnerabilidades prevalecentes. A fuga de informações obtém acesso a partir da firewall do sítio Web da instituição bancária. Trata-se de uma vulnerabilidade típica das aplicações Web.

Exceptuando essas vulnerabilidades, as imperfeições nos sítios Web dos bancos dão uma pequena oportunidade de implementar vulnerabilidades relacionadas com a injeção de SQL. A última vulnerabilidade encontrada na SQL foi a "Heartbleed", que foi reconhecida após 15 meses do lançamento da versão 1.0.1 da SQL. A injeção de SQL tem impacto em todas as aplicações Web. A aplicação web bancária contém informações sensíveis e dá acesso a transacções financeiras, pelo que esta vulnerabilidade de injeção é mais prevalecente nas organizações financeiras. A base de dados é mantida por SQL, pelo que requer uma implementação perfeita. Todos os comandos dados às páginas Web nas aplicações passam para a base de dados. Se for pedido um comando semelhante à base de dados, essa informação estará disponível para os intrusos. Isto pode levar a outras vulnerabilidades, como a fuga de informações. O exemplo desta vulnerabilidade combinada foi observado no sítio Web do banco HDFC. O sítio Web do banco HDFC (https://leads.hdfcbank.com) estava a divulgar informações sobre os seus clientes. A fuga de informações diz respeito à conta de depósito recorrente do cliente do banco. Esta vulnerabilidade foi detectada em 4th de fevereiro de 2010 e corrigida em 17th de fevereiro de 2010. As avaliações de vulnerabilidades efectuadas por terceiros foram descobertas, mas a falha não foi identificada. Depois desta vulnerabilidade, a vulnerabilidade Heart bleed poderá ter impacto no mesmo banco. O relatório da White Hat descreve a falha no seu último relatório de lançamento. O sítio Web foi concebido de forma imperfeita. Falha na "limpeza" do código HTML. Os comentários dos scripts das páginas Web sensíveis contêm as configurações do servidor e outros pormenores da base de dados.

O máximo de sites transaccionais fornece a sua opção de login em páginas inseguras que podem levar o utilizador a ataques main-in-the-middle. Os intrusos aplicam o mecanismo da palavra-passe esquecida depois de invadirem a página de cada utilizador. O sistema envia os dados necessários para o sistema ou perfil do utilizador. Mas estes já foram captados pelos intrusos. Depois disso, é impossível para o utilizador genuíno obter acesso à sua conta. Alguns dos sites bancários redireccionam os utilizadores de páginas seguras para páginas inseguras. Os utilizadores em geral não são capazes de as identificar. O utilizador deve ter conhecimentos sobre a banca em linha e verificar o URL do banco com HTTPS, uma vez que alguns sítios bancários iniciam o processo com este protocolo e outros redireccionam para este protocolo.

Se o utilizador for redireccionado para uma página desconhecida ou para uma nova página irrelevante, deve estar ciente disso. As páginas Web devem manter o canal de dados do sistema do utilizador e as chaves de sessão para o canal.

O meio de comunicação também desempenha um papel importante na segurança. As redes sociais e o correio eletrónico são um meio arriscado para os bancos partilharem a identificação de utilizador e as palavras-passe com os seus utilizadores. A rede social e o servidor de correio eletrónico foram muitas vezes pirateados. O mecanismo de esquecimento da palavra-passe é também um aspeto que deve ser medido como falha na segurança. O endereço IP também precisa de ser determinado pelas organizações bancárias. Um endereço IP estático é a necessidade destes sítios Web.

A segurança dos sítios Web de serviços bancários é o principal fator na implementação de serviços bancários em linha seguros. A atividade bancária está integrada na vida quotidiana, quer se trate de uma atividade pessoal ou empresarial. Assim, a falha na segurança do sítio Web é determinada pela norma internacional.

2.1.2 Falhas nas políticas bancárias

Cada banco tem as suas próprias políticas bancárias. As políticas bancárias também incluem as suas intenções de segurança. As políticas definem a forma como a segurança dos sistemas de informação será mantida. É a constituição para a acessibilidade e gestão da informação a ser partilhada com os utilizadores. Estas políticas estão a tentar lidar com o risco e com a informação sensível. Na implementação de serviços bancários em linha seguros, as informações e a privacidade dos clientes são a principal prioridade de qualquer instituição financeira. As políticas bancárias descrevem os esforços dos bancos para disponibilizar o serviço aos seus clientes e a sua indulgência na prestação de serviços bancários em linha. Assim, a política bancária para a banca em linha é necessária para dar a máxima prioridade à segurança da transmissão de informações. Esta política também ajuda os clientes dos bancos a compreenderem a atividade bancária em linha e o que o banco espera deles (clientes) para manter a segurança. Os clientes do banco têm de seguir estas instruções e a política de segurança.

A política bancária dos bancos no âmbito da secção de segurança deve incluir os seguintes elementos:

- Política de utilização para pessoas singulares
- Política de gestão da rede
- Política de segurança das aplicações Web
- Política de cópia de segurança e restauro da base de dados

A política de utilização para utilizadores individuais contém todas as sugestões para manter a segurança das informações de todos os utilizadores e da respectiva conta. A política descreve o que se deve e o que não se deve fazer no funcionamento da banca em linha. Para manter a segurança das informações dos clientes, os bancos devem incluir a sua declaração de privacidade relativamente às ligações de outros sítios e criar um mecanismo do tipo pop-up para sensibilizar os utilizadores para a banca em linha. A política bancária também define as instruções para a utilização dos identificadores de utilizador dos clientes. Geralmente, os bancos apenas definem uma política para as palavras-passe. Isto é inadequado em termos de segurança. O medidor de força da palavra-passe pode ser implementado para mostrar a força da palavra-passe do utilizador em termos de segurança. Os padrões das palavras-passe são alterados com o tempo, pelo que os bancos devem declarar aos seus utilizadores que a alteração da palavra-passe é obrigatória. As adivinhações, como a data de nascimento, o nome do pai ou o nome da mãe, devem ser proibidas, porque são fáceis de adivinhar por qualquer pessoa conhecida. Os ataques de dicionário baseiam-se neste tipo de informação. O mecanismo de alteração da palavra-passe deve incluir a autenticação para proporcionar ao utilizador uma camada adicional de segurança por parte dos bancos. A autenticação bidirecional é implementada e requer a definição da política para efetuar transacções. A transação financeira é a principal utilidade da banca em linha, razão pela qual são necessários métodos de autenticação de duas vias. Os métodos de autenticação incluem fichas de segurança, palavra-passe única para o telemóvel, biometria, etc. A política de segurança para a aplicação Web contém a gestão da sessão, o período de tempo limite e o bloqueio da palavra-passe, que são implementados de acordo com os requisitos do banco. O período de tempo limite é aplicável quando o utilizador não está a realizar qualquer atividade no sítio Web, sendo automaticamente desconectado do sistema. Isto ajudará a proteger a conta, uma vez que ninguém pode aceder à conta de um determinado utilizador. A política de bloqueio da conta em caso de introdução de uma palavra-passe incorrecta. É um caso de possibilidade. A política para a rede é necessária para garantir que os dados e as informações sejam transmitidos através de um ambiente seguro. Na maioria dos casos, os intrusos interrompem a rede. Os ataques do tipo "man-in-the-middle" são devidos a falhas na política de rede. A política de rede trata de fornecer um caminho fiável para a transferência de informações. Pode ser feita através da gestão dos controlos de acesso, dos privilégios dos utilizadores, das restrições de rede, etc. A configuração da rede também inclui software de sistema, software de aplicação, sistemas de comunicação e muito mais. Uma rede corretamente configurada protege o canal bancário contra acessos não autorizados e ataques físicos. A política de rede forte inclui a instalação de configurações de firewall, IDS (Sistemas de Deteção de Intrusão) e proteção contra vírus. Esta política ajudará na proteção aleatória contra este tipo de ataque. Os dados transmitidos da base de dados do banco para o sistema do cliente requerem métodos de encriptação adequados, como texto cifrado, tecnologia SSL de 256 bits, etc. Os sítios Web financeiros e bancários devem ter HTTPS verificado. Esta tecnologia ajuda a mostrar aos clientes que estão a aceder a uma plataforma segura. O nível, o tipo e o método de segurança devem ser actualizados ou reorganizados dentro de um prazo limitado, para que possam ser rastreados. É sabido que os sítios Web com protocolos de segurança desactualizados são alvos fáceis para os piratas informáticos ou intrusos. As regras de segurança incluem a configuração da firewall, a configuração da estrutura de segurança do servidor, outras aplicações do sítio e a arquitetura. A política do banco deve incluir no seu planeamento a auditoria de segurança e a segurança das aplicações. O sistema final e o browser também têm de ser actualizados, porque isto ajuda a resolver as pequenas correcções de segurança, uma vez que este software tem uma arquitetura interna para manter os dados seguros. Um sítio Web e um programa de navegação têm um plug-in de gestão de correcções que ajuda a resolver as correcções, como conflitos de correcções, reparação fiável de correcções, etc. Estes aspectos fazem parte da política do banco para os utilizadores da Internet. O formato normalizado universal deve ser adaptado à política de proteção da vida privada. A maior parte dos bancos não adapta este formato para utilizar diferentes mecanismos de segurança, por outras palavras, mantêm a sua singularidade. Não é mau, mas pode haver a possibilidade de haver falhas. O formato internacional ajuda a conferir autoridade a alguém para manter a segurança. No cenário atual, alguns bancos têm uma grande política de privacidade. Lê-la e compreendê-la pode ser uma tarefa típica dos clientes. Alguns bancos têm uma política muito pequena que pode ser facilmente compreendida pelo cliente, mas que não inclui todos os aspectos, pelo que o formato normalizado universal para a privacidade deve ser adaptado. A política actualizada deve ser destacada para o utilizador até que este a leia e verifique.

Todos os países têm um banco central que mantém toda a estrutura e política bancária do país. A política e as recomendações ajudam-nos a garantir a segurança da banca em linha. Reforça a segurança em linha através da regulamentação da política de privacidade.

2.1.3 Fraca usabilidade dos utilizadores e sensibilização dos clientes

O serviço bancário em linha seguro não depende apenas dos métodos, protocolos e abordagens utilizados pelos bancos, mas também da forma como o utilizador o utiliza. É semelhante ao facto de o anfitrião não ser o único responsável pelo sucesso da gestão. Depende também das abordagens do hóspede. Metade da segurança dos serviços bancários em linha depende dos seus utilizadores. A nesciência pode ser classificada como a principal ameaça à banca em linha. Esta ameaça é facilmente eliminada, mas exige esforços como a sensibilização dos clientes para a banca em linha. A literacia dos utilizadores ajuda a reforçar a segurança da banca em linha. Funciona como uma metodologia de defesa contra o roubo de informações e actividades maliciosas. Trata-se de um problema grave na banca em linha, uma vez que o código malicioso é introduzido na base de dados dos bancos através da atividade descuidada do utilizador. Inicialmente, o código malicioso é executado no sistema do utilizador final. É codificado para atacar os sítios Web financeiros. Quando o utilizador acede ao sítio Web do banco, este código malicioso rouba as informações e envia-as de forma segura aos intrusos. Este código corrompido começa por roubar e controlar o sistema do utilizador e, depois de ter acesso ao fluxo de informação, trabalha em nome do utilizador no sistema bancário em linha.

A organização bancária precisa de se concentrar na educação dos clientes para a banca em linha. O programa de alfabetização e a avaliação regular da atividade do cliente ajudam nesse sentido. A avaliação pode ser feita através do número de cliques em sítios vulneráveis, de ligações incorrectas e de ligações de segurança bancária implementadas no sistema bancário em linha. Inclui a tomada de medidas contra a queixa do cliente relativamente a casos de phishing e outras actividades fraudulentas. A rede social é também uma excelente plataforma para os piratas informáticos recolherem dados dos utilizadores, pelo que estes devem ser orientados quanto à separação entre o sítio da rede social e os dados bancários. O cliente bancário deve utilizar a rede social tendo em conta os seguintes aspectos:

- O utilizador tem de gerir a sua página de perfil e a sua acessibilidade a pessoas limitadas. Não deve ser acessível ao público em geral que não seja amigo do utilizador.
- O utilizador não deve publicar informações pessoais, detalhes do cartão de identidade, detalhes da conta bancária, etc., nas redes sociais e também não deve criar uma palavra-passe para estas

informações.

- Os utilizadores não devem publicar o seu número de contacto na rede social. Os números podem ser utilizados por piratas informáticos para actividades ilegais.

- Um utilizador não deve escolher uma pergunta de segurança relativa à sua rede social ou uma pergunta simples que seja bem conhecida por outras pessoas.

Geralmente, o sítio Web do banco contém ligações para outros sítios Web que o banco se propõe facilitar aos seus utilizadores. Esta situação está definida nas políticas de privacidade dos bancos. Os bancos estão agora a mudar as suas políticas relativamente às suas redes sociais. Os bancos ligam agora sítios Web que têm normas elevadas em matéria de segurança e privacidade do utilizador. O utilizador deve ler as declarações de segurança e privacidade. Os bancos devem dar formação aos seus clientes sobre os riscos e ameaças da banca em linha. A aprendizagem da banca em linha ajuda os clientes a conhecerem as suas responsabilidades, direitos e ambientes em que é melhor utilizá-la. Isto ajudará a

Se o ambiente da transação bancária em linha tiver sido capturado por ameaças no sistema do utilizador, não haverá garantias de uma transação segura. Suponhamos que há um anti-malware e um anti-vírus instalados no computador do utilizador. São utilizados para proteger o sistema contra este tipo de ataques. Os programas anti-malware falharam num ambiente de crescimento exponencial de ameaças. Basicamente, as aplicações anti-malware baseiam-se num método de assinatura que detecta as ameaças que estão guardadas na sua biblioteca. Um relatório de investigação sobre a pirataria bancária em linha descreve a ferramenta de pirataria Zeus, que tem a capacidade de iludir a aplicação anti-malware ou anti-vírus. A ferramenta Zeus é difundida através de sítios Web de phishing, sítios Web famosos e falsos, correio eletrónico, etc. A maior parte das aplicações e ameaças de pirataria informática são difundidas através dos sítios Web. São descarregadas mesmo com um único clique errado do utilizador final. As ameaças no sistema do utilizador podem piratear qualquer coisa do sistema do utilizador, ou seja, a sua palavra-passe de utilizador, número de conta. A abordagem de proteção por parte do banco não pode funcionar se o sistema do utilizador estiver infetado. A iliteracia no domínio da banca em linha segura trava o ritmo da banca pela Internet. Os utilizadores não têm consciência de que o seu sistema está infetado e quando efectuam transacções bancárias em linha. As suas identidades são pirateadas e assim por diante. Por isso, a literacia dos clientes é tratada como um risco de alta prioridade. O programa de navegação e o sistema operativo actualizados estabelecem correcções de segurança no sistema. As outras aplicações não corrigidas, como o MS Office, o Windows Media Player e o software utilitário, podem ser alvo de intrusos. Para evitar ameaças, o utilizador deve atualizar as suas aplicações. O sistema operativo Windows é menos vulnerável do que o Ubuntu e o Linux. A atualização das suas ferramentas de software é fácil. O utilizador tem de utilizar a banca via Internet com direitos de administrador no sistema. Os utilizadores têm restrições de administração. O administrador pode gerir os dados do utilizador. Os bancos devem apresentar os seguintes pormenores relativos à segurança das contas dos clientes.

- Os utilizadores devem escrever ou marcar o sítio Web do banco em vez de não escreverem o endereço do sítio Web do banco. O utilizador deve verificar a indicação "HTTPS" no endereço do sítio Web na barra de endereços do programa de navegação.
- As informações pessoais não são introduzidas na janela de contexto. A utilização do teclado virtual é melhor.
- O utilizador deve verificar o certificado de segurança do sítio Web do banco.
- Existe um sistema operativo e navegadores actualizados.
- O utilizador deve executar um programa antivírus para garantir a segurança com a assinatura de segurança aplicada
- Alterar a palavra-passe do banco em linha em determinada linha do tempo.
- A última hora de início de sessão e a última atividade devem ser verificadas pelo utilizador.
- Não utilizar o serviço bancário pela Internet num ambiente de PC partilhado, como um cibercafé, etc.

A facilidade de utilização dos sítios Web dos bancos também desempenha um papel importante na segurança. Se o sítio Web for muito fácil de utilizar, o utilizador pode interagir e compreendê-lo facilmente. A boa usabilidade do sítio Web permite que os seus utilizadores acedam e compreendam todas as partes do sítio. A melhor usabilidade inclui a visibilidade do início de sessão seguro, a segurança e outras dicas antes de proceder ao início de sessão no banco em linha.

2.2 Questões de segurança do lado do cliente

As ameaças bancárias em linha mais frequentes foram as seguintes

- Phishing
- Vírus
- Troianos
- Spyware e Adware
- Registos de teclas

2.2.1 Phishing

O phishing é uma atividade fraudulenta em que os piratas informáticos tentam obter os dados do utilizador transformando-se numa organização financeira e bancária falsa. O intruso envia mensagens de correio eletrónico atractivas ao utilizador, alegando que este tem pessoal bancário e pedindo-lhe que partilhe os seus dados bancários pessoais para obter uma recompensa de grande montante. Geralmente, o utilizador é seduzido pela oferta falsa do intruso. No phishing, os intrusos pedem ao utilizador que envie uma mensagem de correio eletrónico ou fornecem um link para que o utilizador possa partilhar os seus dados. Os dados solicitados são o número da conta bancária, o número do cartão de débito, o código SWIFT, etc. A ligação fornecida é capturada por cavalos de Troia, worms e outros conteúdos maliciosos que se inserem facilmente no sistema do utilizador e este partilha também os seus dados na ligação fornecida. Assim, do ponto de vista do intruso, ambos os objectivos são cumpridos, uma vez que obtêm os dados e o seu código malicioso é inserido no sistema do utilizador

Um exemplo de uma mensagem de correio eletrónico de phishing é apresentado abaixo:

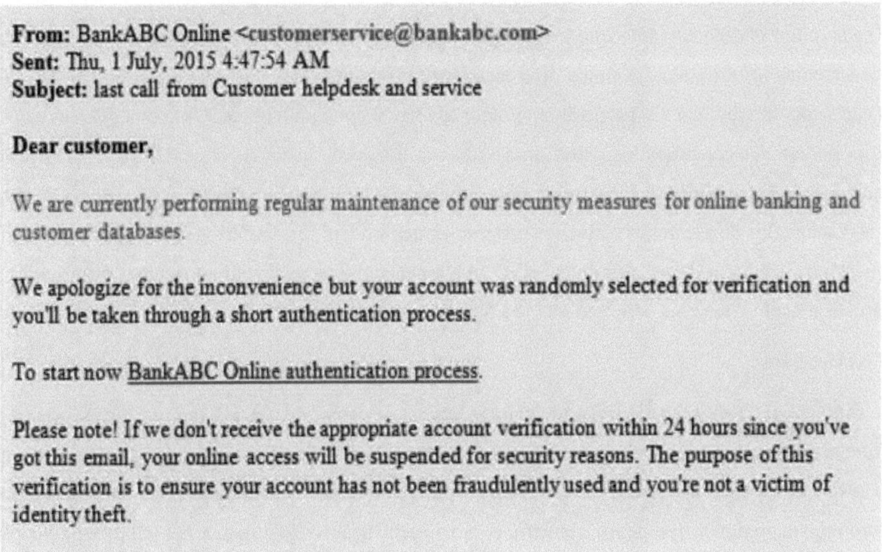

From: BankABC Online <customerservice@bankabc.com>
Sent: Thu, 1 July, 2015 4:47:54 AM
Subject: last call from Customer helpdesk and service

Dear customer,

We are currently performing regular maintenance of our security measures for online banking and customer databases.

We apologize for the inconvenience but your account was randomly selected for verification and you'll be taken through a short authentication process.

To start now BankABC Online authentication process.

Please note! If we don't receive the appropriate account verification within 24 hours since you've got this email, your online access will be suspended for security reasons. The purpose of this verification is to ensure your account has not been fraudulently used and you're not a victim of identity theft.

Thank you for understanding and helping us improve.

Figura 2 - Exemplo de uma mensagem de correio eletrónico de phishing

2.2.2 Spyware e Adware

O spyware é uma aplicação de software que recolhe os dados do sistema do utilizador enquanto este navega num determinado sítio ou na Internet. O adware é um tipo de spyware. É desenvolvido como cookies para seguir os interesses do utilizador por especialistas em marketing na Web para o comércio eletrónico e outros sítios Web. As informações captadas são utilizadas para fornecer, no futuro, elementos da escolha do utilizador. Assim, só pode captar a informação que o utilizador pesquisa no seu browser. Mas algum adware tem uma ligação para descarregar outro spyware, que é um conteúdo nocivo. Os intrusos utilizam o adware para introduzir o seu spyware no sistema do utilizador.

2.2.3 Vírus

Um vírus é um programa de aplicação que se liga automaticamente a outra aplicação do sistema. O programa de vírus tem a capacidade de se replicar com o outro ficheiro do sistema. Um programa antivírus liga-se a recursos como a memória e o espaço em disco. No que diz respeito à banca em linha, o vírus de correio eletrónico é um novo tipo de vírus que é partilhado através de mensagens de correio eletrónico por intrusos. Quando o utilizador interage com o e-mail corrompido, a instalação do vírus começa automaticamente e corrompe o sistema. No vírus de correio eletrónico, o programa de vírus é transmitido através de anexos.

2.2.4 Troianos

Um Trojan é um código corrupto que tem a capacidade de funcionar como um programa destrutivo para os sistemas informáticos. A única diferença entre vírus e cavalos de Troia é que os cavalos de Troia não se podem replicar a si próprios, enquanto os vírus os podem replicar. Os ataques dos cavalos de Troia podem ser considerados como uma vulnerabilidade do sistema. O cavalo de Troia é um programa que contém código malicioso. Está programado para danificar o ficheiro de sistema de um sistema. Os cavalos de Troia são pequenos programas que podem ser descarregados por erro ou com qualquer outra aplicação através da Internet. É uma ameaça muito potencial no sistema informático. Os intrusos atacam o sistema bancário quando querem roubar informações.

2.2.5 Keyloggers

É um software de aplicação. É utilizado para guardar os dados das teclas premidas. As pessoas fraudulentas instalam este software no seu sistema. Quando os clientes da banca online utilizam a banca online nesse sistema específico, as teclas e o seu padrão são registados por este software. Este software regista qualquer tipo de informação, como a identificação do utilizador, a palavra-passe, os dados do perfil, etc. Graças ao software Keyloggers, os fraudulentos podem obter acesso à banca em linha de um indivíduo. (Bankmuscat, 2015)

2.3 Tipos de riscos envolvidos na banca em linha

2.3.1 Riscos estratégicos

Os riscos associados aos serviços bancários em linha devem ser compreendidos pelas instituições bancárias e financeiras e pela direção, para que o custo do retorno do investimento relacionado com a gestão do risco possa ser avaliado antes da prestação de serviços bancários em linha. Um mecanismo bancário em linha mal planeado e decisões de investimento causarão riscos a uma taxa mais elevada e também aumentarão os riscos estratégicos das instituições financeiras e da gestão. A banca em linha é muito recente no contexto dos riscos estratégicos, pelo que existe uma lacuna de comunicação e um menor conhecimento das soluções. Os quadros superiores devem ter muitos conhecimentos sobre os seus prós e contras e os seus efeitos. Trata-se de questões estratégicas que se prendem com o facto de as pessoas possuírem competências técnicas mas não competências bancárias. Para o efeito, a estratégia deve ser capaz de os obrigar a dar um passo em frente, o que funciona como uma força motriz. Nas empresas, as iniciativas electrónicas são um caso confuso que se assemelha a um pedaço de papel partido e que, por isso, não conseguiu recuperar o seu custo. Em termos de quota de mercado, são mais do que líderes de perdas e não são capazes de atrair os clientes que o banco espera e têm sugestões inesperadas. Assim, para implementar estas soluções estratégicas, é necessário um entendimento claro e um planeamento a partir do topo, para que os resultados da banca em linha sejam melhores e relevantes. Um bom plano de negócios com meios eficazes que contenham medidas de controlo, monitorização e desempenho deve ser difundido por todo o mundo empresarial.

2.3.2 Riscos empresariais

A banca em linha é bastante diferente da banca tradicional e o mesmo acontece com os seus clientes. De um modo geral, os riscos associados às empresas não são conhecidos por toda a gente. Podem existir diferenças nas suas caraterísticas e essas diferenças tornam os modelos de cartões de pontuação existentes inadequados e causam rejeição ou grande fracasso na mitigação do risco e tornam os preços inadequados. Os riscos não podem ser detectados se a localização do banco for muito distante, nomeadamente no estrangeiro, ou com a qual o banco não está familiarizado. Por vezes, o banco não consegue aceder à qualidade do crédito à distância de forma tão sensata como o faz presencialmente. Não é tão fácil prever a adesão e o montante dos depósitos electrónicos. O fluxo de dados é por vezes demasiado intenso, pelo que se torna uma tarefa fastidiosa lidar com a fluidez. Embora as organizações bancárias tenham experiência e estejam familiarizadas com os riscos antigos, é necessário estar atento aos novos riscos. Os riscos empresariais são muito importantes e, por conseguinte, os modelos e processos de risco desenvolvidos para a banca tradicional podem não ser adequados.

2.3.3 Riscos de transacções/operações

O risco de transação/operação cria dificuldades para as pessoas singulares e colectivas que negoceiam em várias operações em linha, ou seja, em diferentes moedas, uma vez que as taxas de câmbio podem flutuar significativamente num curto período de tempo. Esta volatilidade é normalmente reduzida, ou coberta, através da contratação de swaps de divisas e outros títulos semelhantes. O risco de crédito é um risco que surge de fraudes de phishing, erros técnicos ou outros efeitos inesperados que levam à incapacidade da instituição de produzir bens e serviços ou produtos. As possibilidades de risco dependem do ambiente de trabalho, da tecnologia utilizada, da complexidade e da infraestrutura da instituição. Todos os serviços prestados pelas instituições bancárias devem ser certificados ou normalizados e os serviços devem estar disponíveis 24*7. A redundância deve ser suficiente para validar a fiabilidade e a disponibilidade dos serviços. A satisfação do cliente é o principal objetivo de qualquer sector ou instituição, pelo que tudo deve ser feito com cuidado. Para controlar o risco das transacções, devem ser tidas em conta algumas orientações, políticas, regras e regulamentos, procedimentos para conquistar a fidelidade dos clientes. Para tal, é necessário atribuir tarefas, aplicar mecanismos de controlo, controlar novos riscos, etc. São necessários mais conhecimentos, equipamento e dados de teste. Os dados ou informações são os elementos mais importantes e sensíveis de qualquer instituição e o nível de tolerância deve ser mantido. Algumas instituições não consideram a banca em linha uma questão importante porque já dispõem de outros canais para implementar este procedimento.

2.3.4 Riscos para a reputação

O serviço bancário em linha está diretamente relacionado com a reputação da organização bancária. A banca pela Internet distribuiu os serviços e as informações bancárias. A informação distribuída pode ser boa ou má, dependendo da sua violação. Se houver problemas técnicos na aplicação Web, isso terá um impacto direto na reputação eletrónica do banco e, se houver problemas relacionados com falhas técnicas ou actividades fraudulentas, isso arruinará diretamente a imagem social do banco. É muito difícil fornecer todos os serviços bancários sob o teto da banca via Internet. A velocidade da aplicação web também é um fator importante, uma vez que uma ligação lenta à Internet pode afetar o tempo de resposta ideal da aplicação. A banca em linha dá grande ênfase à reputação dos bancos. As instituições bancárias devem incluir as informações necessárias e os direitos dos clientes de forma adequada. (Bajpai, 2015)

3.0 Serviços de segurança das comunicações na banca em linha

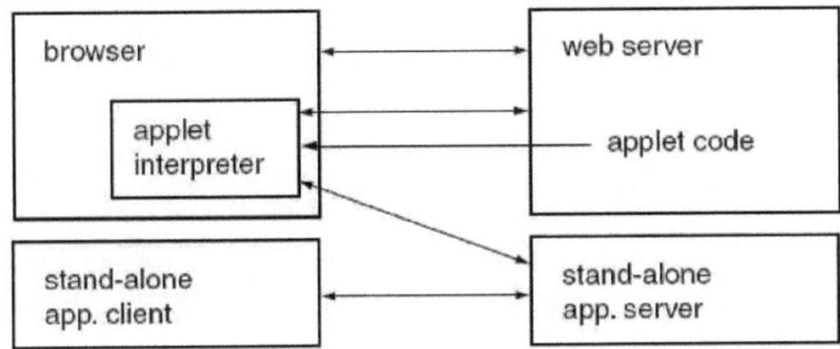

Figura 3- Estrutura da banca via Internet

Nesta secção, a discussão está relacionada com a segurança da comunicação entre um banco e o seu cliente. Em todos os sistemas bancários em linha, o utilizador tem de adquirir soluções normalizadas. Alguns desses sistemas são a banca WAP, SSL/TCS e WTLS para a Internet, etc.

TLS/SSL/WTLS:

O Netscape navigator, o fornecedor de Internet, inicia o protocolo Secure Sockets Layer (SSL). O protocolo TLS (Transport Layer Security) utiliza o Secure Sockets Layer, pelo que é adotado pela IETF. O WTLS (Wireless Transport Layer Security) é uma técnica sem fios utilizada no protocolo de segurança da camada de transporte que foi adoptada pelo fórum WAP. Na secção seguinte, podem encontrar-se mais pormenores e antecedentes históricos sobre SSL/TLS. Um canal ou uma ligação segura entre o banco e o seu cliente é o objetivo final deste fórum. No entanto, as várias versões dos protocolos são diferentes umas das outras, mas, em termos conceptuais, os serviços de segurança por eles prestados são praticamente os mesmos.

Canal seguro

É necessário estabelecer um canal de comunicação seguro entre o sítio Web do banco e os utilizadores. Este serviço de canal seguro é fornecido pelo TLS/WTLS/SSL. O sigilo dos dados transferidos é mantido em ambas as extremidades, mantendo-os confidenciais, e a deteção de quaisquer alterações também deve ser efectuada. Desta forma, mantém-se a integridade dos dados. O cliente e o banco devem ser autenticados. Nem todos os sistemas bancários em linha recorrem a esta funcionalidade de autenticação do cliente num canal seguro. Em vez disso, conceberam um mecanismo que se sobrepõe a todos estes mecanismos.

O WTLS/TLS/SSL é um protocolo que pode ser utilizado em vários protocolos de comunicação e é isso que o torna vantajoso, não se limitando ao HTTP. O WTLS/TLS/SSL não fornece não-repúdio e fornece apenas uma ligação de comunicação segura. Os dados transferidos na extremidade do recetor deixam o canal seguro quando entram em contacto com um intruso e a proteção criptográfica também é removida. Existe um mecanismo de segurança chamado assinatura digital que não existe nos dados do cliente. Um mecanismo que não é frequentemente utilizado na prática nos sistemas bancários em linha deve implementar uma técnica de não repúdio.

TLS/SSLv2/SSLv3

A versão 2, que é a primeira versão do SSL, tinha muitas desvantagens e problemas de segurança que deviam ser resolvidos e foram corrigidos no SSLv3. Mas como a funcionalidade da versão 2 ainda é seguida por poucos sistemas, as questões de segurança são resumidas brevemente. Aqui, as chaves criptográficas utilizadas para a proteção, autenticação e encriptação de dados utilizam o mecanismo MAC em modo de exportação, que será agora enfraquecido. Um novo conceito, que é a função de hash MD5, é utilizado juntamente com o Mac para proporcionar mais segurança e melhorias na versão 2 do SSL. As ameaças relacionadas com a MD5 são referidas por Dobbertin. No mecanismo de aperto de mão, o SSLv2 não está envolvido, devido à sua menor funcionalidade de ataque "man-in-the-middle". No SSLv2, uma das ligações TCP, o TCP close, é utilizada para indicar o fim dos dados. Outra ligação é a FIN, que é utilizada para indicar que não há mais fragmentos disponíveis. Deste modo, o intruso não conseguirá detetar o fim dos dados.

Assim, devido a várias deficiências do SSLv2, foi introduzido o protocolo SSLv3 adaptado pelo IETF TLS. É a versão actualizada do SSLv3 e, por conseguinte, contém mais funcionalidades para melhorar a segurança. Também melhorou a expansão das chaves criptográficas. Para o efeito, o HMAC real é substituído por uma construção MAC do tipo HMAC. Alguns conceitos de segurança, como as assinaturas digitais, os certificados digitais e a criptografia, exigiram o suporte de alguns algoritmos normalizados, como o Diffie-Hellman para o acordo de chaves, a encriptação Triple-DES, etc. Embora sejam ainda necessários alguns desenvolvimentos no protocolo TLS, ou seja, extensões sem fios e um novo algoritmo de cifragem (algoritmo Rijndael).

Handshake e transferência de dados

Existem duas categorias ou fases quando se trata de falar de ligação segura entre o banco e o seu cliente. São elas a transferência de dados e o aperto de mão. É sabido que o objetivo do aperto de mão triplo é que o banco e o seu cliente tenham de chegar a acordo sobre alguns algoritmos de criptografia, que serão utilizados para autenticar e proteger os dados e também para seguir as chaves criptográficas. Outro objetivo é manter as chaves criptográficas com a ajuda das quais será assegurada a proteção dos dados. No final, o banco e o cliente autenticam-se mutuamente. Este mecanismo de aperto de mão revelou-se muito importante no domínio da segurança.

Depois de concluído este mecanismo de aperto de mão, o passo seguinte é a transferência de dados.

Em primeiro lugar, os dados são divididos em fragmentos. Estes fragmentos são então transferidos como uma sequência contínua de registos. A técnica MAC (Message Authentication Code), que é um mecanismo criptográfico para proteger os dados, é aplicada a estes fragmentos e, por fim, ambos são encriptados.

Exceptuando a segurança da comunicação, o seguinte fator motiva a implicação do serviço de segurança na aplicação bancária em linha proposta.

1. **Confidencialidade** - Para ter acesso à informação transmitida através da rede ou à informação trocada entre o utilizador e o sistema bancário, a confidencialidade é a caraterística que permite que apenas as entidades autorizadas/legais acedam aos dados. Isto é feito para descobrir e garantir que as transacções são efectuadas por um utilizador autorizado. Os intrusos não podem descodificar ou piratear os dados sensíveis transferidos.

2. **Autenticação da entidade** - Antes de transferir informações complexas através da Internet, o utilizador deve certificar-se de que a parte autenticada é o endereço do sítio Web do banco. Este mecanismo é descrito como um processo que assegura a comunicação com o banco real e o banco autentica o utilizador antes de permitir a transação.

3. **Autenticação de dados** - Para evitar a manipulação de dados e a repetição de dados por partes não autorizadas, a autenticação de dados é uma parte importante do processo de autenticação. É composta por duas tarefas: autenticação da origem dos dados e integridade dos dados. Por manipulação entende-se as consultas relacionadas com a inserção, atualização, eliminação e substituição. O banco responsável e o utilizador devem garantir que a informação que estão a receber é verdadeira e genuína e está actualizada (não repetida).

4. **Não repúdio** - Este método permite que uma pessoa não possa recusar obrigações ou acções anteriores. Por exemplo, um banco deve ter a possibilidade de provar a um terceiro a existência de uma determinada transação de padaria em curso, se o utilizador tentar recusar que a efectuou.

4.0 Solução possível para a implementação dos serviços de segurança

No que respeita à segurança da banca em linha, a ameaça só pode ser controlada através da aplicação de uma abordagem de segurança adequada. A abordagem de segurança inclui os métodos e protocolos de segurança que identificam automaticamente os utilizadores genuínos e validam as transacções para moderar as actividades fraudulentas. É sempre melhor proteger-se das fraudes e ameaças identificadas do que concentrar-se apenas na sua prevenção. A prevenção significa que a metodologia e a ação de segurança só são aplicadas quando é registada uma atividade estranha no sistema. Na prevenção de actividades fraudulentas, a palavra-chave virtual é uma ferramenta importante adoptada pela maioria das organizações bancárias. A camada SSL protege a camada de rede e a camada inferior do sistema. Não protege os dados da camada de aplicação. A camada de aplicação é a camada em que se procede à detenção dos dados, antes de os encriptar. Nos sítios Web dos bancos, a identificação do utilizador é o aspeto principal. Com efeito, após a identificação, é concedido acesso ao mundo do património do indivíduo. Na banca em linha, a identificação baseia-se em dois factores, a saber

1. A informação secreta partilhada pelo banco com os indivíduos é a identificação do utilizador e a palavra-passe.

2. O dispositivo único que é guardado pelo utilizador na base de dados do banco como o seu dispositivo autorizado para evitar a autenticação mútua sempre que o utilizador inicia sessão no sistema. É conhecido como impressão digital do dispositivo. O sistema bancário tem portabilidade, mas é o primeiro mecanismo de segurança aplicado para a identificação do utilizador.

Os sítios Web bancários e financeiros têm de implementar mecanismos de segurança para prestar serviços de segurança. Para o efeito, são implementados protocolos de segurança. Estes protocolos enfrentam os vários problemas de segurança durante a comunicação cliente-servidor em situação real. No sector bancário, a autenticação adequada é o principal fator de defesa do sistema bancário em ambiente de rede aberta.

4.1 Camada de soquetes segura

A Secure Sockets Layer (SSL) fornece um método protegido para a comunicação em ligações TCP. Funciona especialmente para ligações HTTP (Hyper Text Transfer Protocol) e torna-as HTTPS seguras. Quando é estabelecida uma ligação TCP entre o utilizador e o sítio Web do banco, o sistema do utilizador envia uma mensagem de "olá" ao servidor e o servidor responde com uma mensagem de "olá" ao sistema do cliente. Esta mensagem funciona como um verificador de ligação com os atributos do protocolo, ou seja, o conjunto de cifras utilizado, o identificador de sessão, os valores aleatórios e o método de compressão para a transferência de informações entre o utilizador e o banco.

Uma vez estabelecida a ligação entre o cliente e o servidor, este partilha o certificado de segurança com o cliente, de acordo com o protocolo de segurança. O servidor também exige o certificado de segurança do cliente para autenticar a ligação. A autenticação do servidor depende da suite de cifras. A transferência da aplicação só tem lugar depois de o método de aperto de mão ser concluído com êxito. No ambiente de camada segura, a sessão anterior da aplicação Web não pode ser armazenada. O cliente e o servidor têm de reiniciar a sua relação através do método de aperto de mão. Geralmente, existe a possibilidade de armazenar a sessão anterior, mas as aplicações bancárias são desenvolvidas com uma intenção especial de segurança, sendo necessário iniciar uma nova sessão.

4.2 IP SEC

A autenticação forte e a integração dos protocolos Internet foram efectuadas pelo cabeçalho de autenticação IP. O algoritmo de assinatura é utilizado para fornecer não repúdio e a contagem de saltos ou o tempo de vida são ignorados na transmissão de dados. O cabeçalho de autenticação tem os seguintes campos

- Comprimento da carga útil
- Índice de parâmetros de segurança (foi identificada a associação de segurança entre dois anfitriões)
- Número de sequência
- Dados de autenticação
- Campo em branco para o cabeçalho seguinte

O sítio bancário em linha é independente do protocolo de transporte. Será útil obter dados de outros protocolos, por exemplo, UDP. O algoritmo de message digest é utilizado para calcular os dados de autenticação. Os ataques de repetição são evitados com a sua utilização, uma vez que o IP sec não permite um número de sequência de 32 bits.

4.3 Shell seguro

A portabilidade de dispositivos na banca em linha foi assegurada através da utilização da shell segura. Trata-se de um protocolo utilizado para efetuar a portabilidade da banca em linha para vários dispositivos com segurança. Na maioria das vezes, este protocolo ativa os seus serviços num ambiente de rede inseguro. Este protocolo funciona a favor da máquina do cliente. Assegura ao utilizador que está ligado ao servidor correto. Funciona em conjunto com o protocolo de distribuição de chaves. Neste protocolo, a camada de transporte do sistema efectua a autenticação do anfitrião. Isto é feito após o estabelecimento de um fluxo de bytes fiável. O pacote inicializado foi trocado com o cliente e o servidor utilizando o procedimento de troca de chaves. O pacote inicializado contém o algoritmo utilizado, os detalhes da troca de chaves, o MAC, a encriptação e o tipo de compressão suportado. O fluxo de dados foi efectuado utilizando vários algoritmos, mantendo um ambiente seguro.

4.4 Kerberos

Trata-se de um protocolo de autenticação desenvolvido pelo MIT (Massachusetts Institute of Technology). Neste protocolo existem dois componentes. O primeiro é o bilhete e o segundo é o autenticador. O bilhete é utilizado para autenticar o utilizador para uma comunicação de dados segura. O autenticador é um mecanismo de verificação que verifica se o utilizador que utiliza a banca online é um utilizador autorizado. Quando os utilizadores da banca em linha iniciam sessão na suite da banca na Internet, esta é ligada ao servidor Kerberos. Nesse servidor, o utilizador obtém a chave de sessão que será utilizada entre o serviço de concessão de bilhetes (TGS) e o utilizador. A palavra-passe do utilizador é protegida por um texto encriptado. Se a palavra-passe do utilizador for introduzida corretamente, o servidor desencripta-a e, em seguida, retira-a automaticamente do servidor. O bilhete de concessão expira numa única sessão. (Duncan, 2001)

4.5 Teclado virtual

O teclado virtual é utilizado para evitar o impacto dos keyloggers. O teclado virtual é basicamente uma aplicação ou um serviço Web desenvolvido com Java e criptografia de software. Este serviço Web pode ser facilmente implementado em qualquer aplicação bancária em linha. É necessário para impedir os ataques man-in-the-middle e também para evitar o keylogger. Os teclados virtuais requerem menos poder de processamento e devolvem os valores com taxas de transmissão lentas.

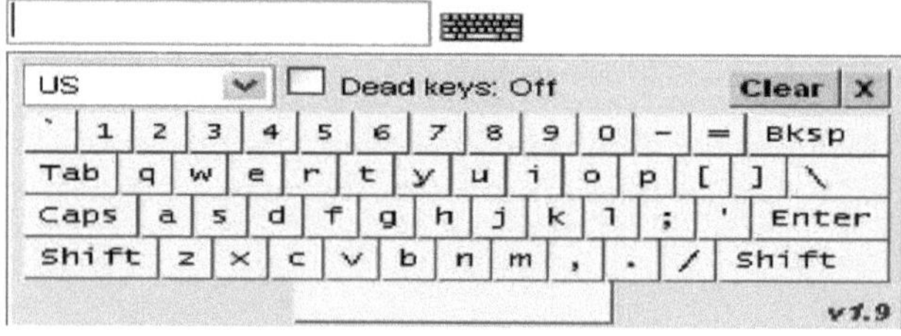

Figura 4 teclado virtual

4.6 CAPTCHA

CAPTCHA é o acrónimo de "completely automated public Turing test" (teste público de Turing completamente automatizado) para distinguir computadores e seres humanos. Este método deve ser adotado pelos sítios Web dos bancos. Este método reduzirá os ataques automáticos efectuados por sistemas automatizados de intrusos para confundir o servidor. Pode ser designado como o primeiro método de autenticação para garantir que o utilizador é humano e não uma máquina. O CAPTCHA pode ser uma cadeia de palavras, um alfanumérico, uma imagem e muitos outros tipos disponíveis. O utilizador tem de introduzir o texto que é apresentado sob a forma de uma imagem baralhada. Os robots automatizados não conseguem reconhecê-lo e processá-lo.

Figura 5- CAPTCHA

4.7 Identificação do dispositivo

Para facilitar o acesso do utilizador de forma mais livre, é feita a identificação do dispositivo. Elimina uma camada de autenticação para aceder ao servidor seguro. Este método é aplicado com o registo do dispositivo e pode ser utilizado unicamente como mecanismo autónomo. Nesta metodologia, a identificação é efectuada com base nas caraterísticas físicas do dispositivo do utilizador. Isto permite que o utilizador possa aceder ao serviço bancário em linha através do seu dispositivo pessoal com mais liberdade. O sistema bancário guarda a origem do dispositivo e o historial de informações.

5.0 Questões relacionadas com a aplicação e respectiva solução

Algumas questões relacionadas com a implementação prendem-se com o facto de não serem utilizados os mesmos navegadores em todo o mundo. A maioria dos bancos prefere que a estrutura básica do seu banco seja única. O sistema bancário em linha também utiliza uma implementação diferente ou própria do SSL, que pode ser executada através do seu próprio programa de navegação ou de aplicações autónomas. As exportações dos EUA não permitem a utilização de serviços SSL comuns para as suas aplicações.

Assim, a utilização de aplicações autónomas SSL na banca em linha depende do programa de navegação. Esta aplicação autónoma fornece segurança e funcionalidade adicional em termos de banca em linha. Por vezes, uma aplicação autónoma funciona como um servidor proxy numa máquina local que serve de mediador entre o navegador e o servidor do banco. Desta forma, a segurança é melhorada e a ligação de comunicação entre o banco e o seu cliente também acrescenta segurança, que não existia entre o proxy e o browser. A funcionalidade da banca em linha pode ser descarregada como uma applet e interpretada através do browser. A segurança do código também é essencial na programação. Esta miniaplicação também pode ter uma funcionalidade completa ou funcionar como um servidor proxy entre o servidor do banco e o programa de navegação.

5.1 Âncoras de confiança

No entanto, no mundo atual, os programas de navegação têm apenas algumas indicações visuais, por exemplo, um cadeado fechado, pelo que uma pessoa/utilizador sem experiência pode ser facilmente enganado por um sítio Web não autorizado ou falso. Bem sabemos que o cliente só acredita na implementação e na interface corretas da aplicação de banca via Internet se esta for a cópia verdadeira da aplicação autónoma ou do programa de navegação. Para este mecanismo de confiança, é utilizada a assinatura digital. Neste procedimento, é criado um applet java que é assinado digitalmente pela chave privada do banco, de modo a garantir a proteção dos dados do utilizador antes da sua implementação. O utilizador mantém também uma sessão segura com o banco.

No âmbito do processo de autenticação, outra infraestrutura de segurança é a PKI (infraestrutura de chave pública). Está no nível mais elevado de todos os mecanismos de segurança. Na PKI, é efectuado o mapeamento entre as entidades e a chave pública. O certificado X.509 é um certificado que constitui um diretório de todas as entidades envolvidas na criptografia. O X.509 é assinado por uma autoridade de certificação. Autoridade de certificação é uma autoridade que fornece direitos de acesso ou certificação a outras partes. O certificado raiz é o nome dado a esta autoridade de certificação. Se este mecanismo de autenticação for utilizado, é necessário o acordo do banco e do cliente para a verificação. Durante a autenticação TLS/SSL para verificar o cliente e o certificado do banco, são necessárias todas estas PKI, CA e X.509 para verificar digitalmente as applets. A autenticação requer certificados de raiz para a implementação de navegadores Web nos dispositivos. Assim, para evitar qualquer ataque de intrusos, deve haver um certificado de raiz incorporado no software ou num ficheiro de configuração. O sistema bancário em linha iraniano protegido pelo sistema operativo é uma aplicação autónoma que utiliza este procedimento para que um atacante não possa aceder ao banco sem que o cliente o saiba.

5.2 Mecanismos de autenticação

5.2.1 Palavras-passe fixas

Mesmo no cenário atual, os sistemas protegidos por palavra-passe fixa estão na moda. De acordo com um inquérito realizado em todo o mundo, o cliente é autenticado por uma palavra-passe fixa. A palavra-passe é composta por um número PIN ou alfanumérico ou baseado em caracteres e, por vezes, é uma combinação de caracteres juntamente com o número da conta de serviço com o qual o utilizador está fortemente protegido. As combinações são geralmente difíceis de identificar e, por conseguinte, seguras. A palavra-passe nunca deve ser o nome de uma pessoa ou o nome e o número da sua conta bancária. Os dígitos também desempenham um papel importante nas palavras-passe, sendo utilizados subconjuntos de dígitos que oferecem proteção contra intrusos que tentem descodificar os dados ou a transferência de mensagens através da Internet.

Na autenticação de entidades ou numa única transação, as palavras-passe fixas não são utilizadas com frequência. No entanto, quando são utilizadas para a autenticação de entidades, são combinadas com os mecanismos acima referidos. A autenticação de transacções segue o mecanismo das palavras-passe fixas e não necessita de um mecanismo adicional para este efeito. Normalmente, a proteção por palavra-passe não arranca o sistema, mas é necessário que, quando o utilizador se liga pela primeira vez, uma palavra-passe arranque sempre o sistema.

As palavras-passe fixas são muito utilizadas porque são muito fáceis de compreender e de implementar, mas existem vários riscos e ameaças associados às palavras-passe. É aconselhável não enviar claramente a palavra-passe através da rede. Os ataques de dicionário, a adivinhação de palavras-passe e a engenharia social são alguns dos ataques que ameaçam as palavras-passe fixas.

5.2.2 Senhas dinâmicas

Num estudo realizado, verificou-se que o utilizador tem normalmente uma lista de palavras-passe de uso único emitidas pelo banco. Uma vez utilizado o código único pelo utilizador, este não pode voltar a utilizá-lo, o que aumenta a sua segurança. Como sabemos, estas palavras-passe de uso único são bastante difíceis de aprender, sendo necessário anotar as palavras-passe num papel ou num ficheiro no PC. O número da lista de rascunhos e o número de autenticação da transação (TAN) são algumas das técnicas de autenticação utilizadas para verificar os utilizadores e as suas transacções. A combinação de senhas dinâmicas e fixas é uma das opções para proporcionar segurança aos utilizadores. As palavras-passe fixas são utilizadas para a autenticação da entidade, enquanto as palavras-passe dinâmicas são utilizadas para a autenticação da transação. É sempre possível criar várias palavras-passe únicas que estejam relacionadas entre si. Leslie Lamport inventou uma ideia no contexto das palavras-passe dinâmicas. No entanto, para a sua aplicação são necessários esforços e recursos suplementares, como software do lado do cliente.

6.0 Autenticação bidirecional

A autenticação é uma forma de confirmar que uma pessoa é efetivamente aquilo que declara. Na banca em linha, para aceder à maior parte dos serviços só é possível aceder após a autenticação. Por outras palavras, a autenticação é um procedimento de comprovação de uma declaração de dados introduzida pelo cliente que deve ser autorizada a agir em nome de uma pessoa. A autenticação assegura o processo de autorização. No contexto bancário, confirma a identificação do utilizador.

A autorização inclui a confirmação à autoridade de monitorização de que um utilizador autenticado tem permissão válida para aceder a um determinado número de recursos. O processo de autenticação baseia-se em três factores relativos ao utilizador, ou seja, o utilizador sabe, o utilizador possui e o utilizador é.

Tipos de autenticação: Existem três tipos de mecanismos de autenticação, que são os seguintes

(i) Autenticação de fator único

É a autenticação mais simples, na qual o utilizador apenas tem de introduzir o seu ID de utilizador e a sua palavra-passe. Trata-se de um processo de autenticação estático. Neste processo de autenticação, os dados do utilizador têm a probabilidade de serem pirateados.

(ii) Autenticação de dois factores

Neste tipo de método de autenticação, são utilizados dois factores para dar acesso ao utilizador e validá-lo como autorizado, ou seja, o utilizador sabe e o utilizador possui. É o método mais utilizado no atual cenário bancário. Em palavras simples, pode ser entendido a partir do atual cenário bancário online. Um utilizador preenche a identificação de utilizador e a palavra-passe na aplicação web. Depois de aparecerem, o utilizador tem de realizar um segundo fator para validar os seus dados. Pode ser uma palavra-passe de uso único, autenticação biométrica, reconhecimento facial, etc., dependendo da organização que presta o serviço.

(iii) Autenticação multi-fator

Este tipo de autenticação inclui a autorização multifactor. Na terminologia bancária, este tipo de autenticação é efectuado para transacções de elevado montante. O multifactor pode ser OTP, pergunta de segurança, detalhes do cartão ATM, etc.

Os bancos têm a opção de utilizar o fator de autenticação de dois factores, procurando o nome de utilizador, a palavra-passe e as OTP para autenticar os utilizadores na banca em linha. A maior parte dos bancos recorre às OTP, que são enviadas sob a forma de SMS para o número de telemóvel registado do utilizador. O segundo fator de autenticação são os hard tokens. Depois de iniciar a sessão no sistema em linha, os bancos fornecem as OTP e pedem a palavra-passe. Isto garante a segurança e reduz a fraude na realização de qualquer transação. Para efetuar transacções como compras e transferências de fundos, os bancos utilizam OTP's. Pode ser designada como uma segunda camada de autenticação antes de processar a transação do utilizador. Este mecanismo funciona como uma limitação à utilização da banca em linha, uma vez que o utilizador não tem telemóvel e não pode efetuar transacções ou qualquer outro trabalho importante na conta.

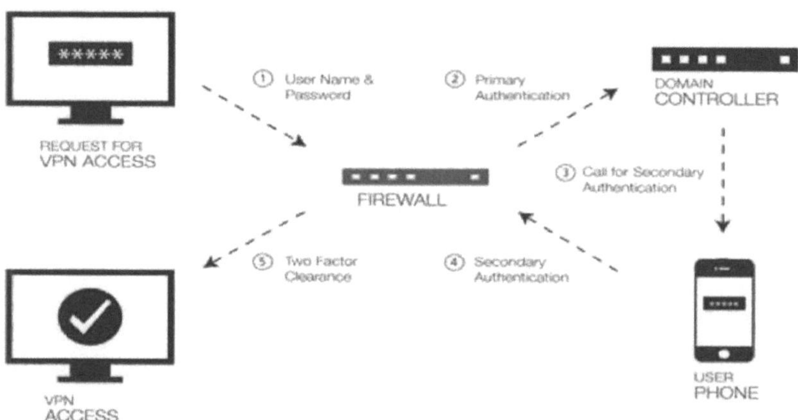

Figura 6- Autenticação de dois factores

Autenticação mútua: A autenticação bidirecional é realizada pelo gerador automático de consultas do sítio Web do banco, pelo que a autenticação bidirecional pode ser definida como a interação autorizada entre o sítio Web e o utilizador. A figura acima descreve o mecanismo de autenticação de dois factores. Quando os utilizadores acedem ao site do banco, entram no sistema online solicitando acesso à rede privada virtual. O primeiro fator é autorizado pelo controlador do domínio e depois envia um código único para o número de telemóvel registado do utilizador a partir do seu gerador de consultas. O sistema pede ao utilizador que introduza esse código. Os utilizadores têm de introduzir esse código na caixa de texto. O controlador do domínio faz corresponder esse código e, se corresponder, o utilizador tem autorização para aceder à rede privada virtual.

A autenticação de dois factores pode ser efectuada através de perguntas de segurança ou de perguntas sobre os dados pessoais. A mais recente novidade nas duas autenticações é a autenticação biométrica introduzida pela Apple.

O mecanismo de resposta é o principal desafio da autenticação bidirecional. É utilizado em transacções de montantes elevados. O montante para o qual o mecanismo de resposta é aplicado depende das organizações bancárias. Para este efeito, o sítio Web do banco dispõe de um mecanismo que permite contestar as informações fornecidas pelo utilizador. Este mecanismo de resposta fornece outra camada de autenticação para tornar a banca em linha segura. (Prasad e Kumar, 2015)

Palavra-passe parcial

A palavra-passe parcial é um método para reautorizar o utilizador. Nesta metodologia, a palavra-passe fixa principal é novamente autenticada. O sistema forneceu ao utilizador a mesma palavra-passe, mas em formato parcial. O utilizador tem de preencher a parte restante para autenticar a transação. Nesta abordagem, a sequência pode ser alterada através de um pedido do servidor. Para o efeito, é utilizado o algoritmo da árvore de decisão aleatória. Este mecanismo protege o sistema bancário em linha de ataques passivos à segurança, ou seja, keyloggers, sniffing de rede, etc. (A. Gadgil, 2014)

6.1 Autenticação biométrica

A autenticação biométrica é o mais recente mecanismo de autenticação. Utiliza o mecanismo de "prova de propriedade" e substitui os mecanismos de "prova por posse" e "prova por conhecimento". Para atingir o melhor nível de segurança, os mecanismos biométricos têm de ser adaptados à sua norma e é necessário um dispositivo adicional para os executar. A autenticação biométrica é efectuada para verificar a identidade do utilizador. A verificação da identidade é efectuada através da comparação dinâmica com o modelo biométrico. O modelo biométrico é criado para cada utilizador separadamente pela autoridade que requer a autenticação. A autenticação biométrica local permite o acesso à aplicação bancária em linha para o dispositivo em causa. A autenticação biométrica evita o ataque do cavalo de Troia e de outros códigos maliciosos, o phishing e outros ataques comunicacionais que não podem funcionar com este mecanismo de autenticação. As ligações de comunicação podem ser utilizadas para obter acesso ao utilizador e isso conduzirá à quebra da cadeia do procedimento. O modelo biométrico, uma vez pirateado, pode ser reproduzido.

A autenticação biométrica é utilizada na autenticação de dois factores. Pode ser efectuada através de impressões digitais e reconhecimento de veias, reconhecimento facial, batimento cardíaco, autenticação selfie, etc. A autenticação selfie é a mais recente; é inspirada no reconhecimento facial.

Impressões digitais e reconhecimento de veias

Esta autenticação foi utilizada pela primeira vez nos meus telemóveis inteligentes. É amplamente utilizada e aceite como segundo fator de autenticação. A sua utilização no sector bancário é a última tendência. É um fator de atração para a última geração. A única preocupação é a sua segurança e fiabilidade. A impressão digital de um indivíduo pode ser facilmente recolhida. Na autenticação por impressão digital, os dados são guardados em formato de hash e são anexados ao pin ID. O mais recente serviço da Apple, o ApplePay, pode ser acionado por esta autenticação. O problema reside ainda neste mecanismo de autenticação: por vezes, a identificação da impressão digital não pode ser captada pelos dispositivos, o que leva à falha da transação num ambiente bancário em linha seguro. É necessário melhorá-lo. Esta autenticação pode ser combinada com outros métodos de identificação.

Reconhecimento facial

Utiliza igualmente o mecanismo biométrico para autenticar a transação ou a entidade. Trata-se de uma tecnologia importante. Para este efeito, é necessária uma câmara de alta resolução, ou seja, uma webcam ou a câmara frontal do smartphone. Este método tem muitos inconvenientes, que podem ser divididos em termos de capacidade técnica e de economia. Para este método de autenticação, o utilizador tem de ter uma câmara de alta resolução. Se a pessoa tiver sofrido um acidente ou tiver uma marca no rosto, a autenticação não pode ser efectuada. Em segundo lugar, nem todas as pessoas podem ter uma câmara de alta resolução nos seus aparelhos.

O método de autenticação por selfie da MasterCard é mais recente do que este método de reconhecimento facial. Anteriormente, a MasterCard utilizava o pin seguro 3D para autenticar a transação. Mas isso retira-lhe muitos inconvenientes. Este tipo de método de autenticação é um método interessante, implementado por organizações bancárias e financeiras para atrair a geração seguinte para a banca.

Batimentos cardíacos

Cada ser humano tem uma íris, uma impressão digital e batimentos cardíacos distintos dos outros. A utilização do batimento cardíaco como meio de autenticação tem muitas vantagens. Trata-se de uma autenticação dinâmica, pelo que é difícil copiar ou gerar um batimento cardíaco replicado. É utilizado tanto para a autenticação unidirecional como para a autenticação bidirecional. Garante que o sistema é utilizado por um ser humano e não por um robot. Mas as transacções com montantes elevados exigem maior segurança. Isto permite aos utilizadores autenticar as transacções. A utilização da tecnologia biométrica torna-o possível. A Visa e a MasterCard estão a investigar para introduzir esta autenticação nos sistemas de cartões. Uma novidade como esta irá certamente aumentar a adaptabilidade deste método. Também os ajudará na fidelidade à marca

A autenticação por batimento cardíaco é o método mais recente nesta era tecnológica. É adaptado apenas por alguns bancos. Na verdade, os bancos ainda estão a pensar nesta metodologia. O batimento cardíaco torna-se a última tendência da tecnologia. É a razão de ser de outros dispositivos emergentes, ou seja, aparelhos de fitness e de desporto. Os aparelhos que utilizam os batimentos cardíacos podem ser integrados noutros sistemas. Isto faz com que o objetivo seja utilizá-lo para transacções bancárias. A metodologia dos batimentos cardíacos tem impacto nos indivíduos, uma vez que se trata de uma tecnologia vestível. O problema desta tecnologia é que não existe uma norma desenvolvida para a responsabilidade da autorização. Assim, se um banco quiser utilizar esta metodologia, terá de ser auto-responsável ou investigador.

Autenticação por selfie da MasterCard

O MasterCard introduz o método de autenticação selfie em que o utilizador tem de tirar uma selfie para autenticar a transação. Trata-se de uma autenticação biométrica típica. A autenticação MasterCard só pode ser efectuada pela aplicação android.

Outra forma de autenticação é efectuada através da identificação das imagens. O número de imagens fornecidas pelo utilizador ao banco. Durante a autenticação, a imagem aleatória tem de ser verificada com os dados corretos. (Sharma, 2015)

Fonte da imagem: techmehow.net

Tecnologia de comunicação de campo próximo

Trata-se de uma tecnologia de comunicação em que dois dispositivos electrónicos comunicam para efetuar uma transação de pagamento sem contacto com um simples toque no telemóvel. É a forma mais recente de autenticar a transação bancária. A NFC torna os dispositivos compatíveis com outras infra-estruturas de cartões sem contacto. É o futuro do sistema de pagamento em que um dispositivo, ou seja, o telemóvel inteligente, funcionará para comunicação, pagamento e muito mais no que respeita à banca em linha.

Ao utilizar esta tecnologia, os dois dispositivos comunicam a uma velocidade de 424 Kbps e o seu alcance é de cerca de 4 centímetros. Envolve a tecnologia RFID (identificação por radiofrequência) que pode transferir dados limitados entre os dispositivos ligados. É uma tecnologia de comunicação bidirecional que pode comunicar dispositivos com outras tecnologias, como Wi-Fi, Bluetooth, etc. Um simples toque no telemóvel funciona como dispositivo de autenticação para aceder a informações bancárias e outras. A NFC identifica o utilizador e a sua conta bancária, que tem de ser guardada pelo utilizador. (Fórum NFC, 2015)

Exemplo de NFC- Apple pay- Pagamento sem contacto

O Apple Pay vem com uma nova estratégia de pagamento inspirada na tecnologia NFC. A empresa gigante de telefonia facilita aos utilizadores a facilidade e simplifica o serviço de pagamento. É tipicamente um método de pagamento para pagamentos rápidos. Facilitará aos retalhistas a obtenção de pagamentos de uma forma rápida e segura. (Apple, 2015)

O utilizador do Apple Pay pode pagar qualquer coisa com o seu iPhone ou relógio Apple. Na carteira virtual da Apple Pay, o utilizador tem de pagar através do cartão de débito e de crédito dos bancos. Isto reduzirá os esforços dos bancos e os custos aplicados em

a segurança. Porque o utilizador carrega diretamente uma vez e paga consoante as suas necessidades. Os bancos têm de autenticar apenas uma transação. (Innerfence, 2015)

6.2 Autenticação de entidades vs. Autenticação de transacções

Existe uma diferença entre a autenticação de entidade e a autenticação de transação. Na autenticação de entidade, o cliente deve autenticar-se com o banco iniciando uma sessão. Na autenticação de transacções, o cliente autentica todas as transacções depois de criar esta sessão. Com base no tipo de mecanismo de autenticação, o não repúdio das transacções é assegurado pela autenticação da transação, mas não pela autenticação da entidade. No mundo atual da Internet, as diferenças são claramente visíveis. Assim, alguns sistemas seguem a autenticação de entidades, enquanto outros sistemas seguem a autenticação de transacções.

Na autenticação de entidades, uma parte autentica-se perante outra parte, enquanto o mecanismo de transação identifica de forma segura o utilizador individual através de um mecanismo de dois ou três factores.

6.3 Tokens de hardware

Os tokens de hardware são utilizados para implementar vários mecanismos de segurança que podem proporcionar uma autenticação rigorosa. Os cartões inteligentes são uma das caraterísticas de segurança que permitem a autenticação de transacções. Este smartcard contém uma chave de assinatura digital privada incorporada no cartão. Uma vez que a emissão de cartões inteligentes adicionais é dispendiosa, ainda não foi implementada no Irão por razões de segurança, mas as aplicações existentes podem servir para autenticar os utilizadores. As aplicações existentes são os bilhetes de identidade electrónicos, os porta-moedas electrónicos, etc,

Tal como demonstrado por Kuhn, Anderson e Kocher, podem ser possíveis ataques mais progressivos aos cartões inteligentes. Para obter mais segurança, é necessário um custo mais elevado para lidar com ataques maliciosos. É óbvio que a segurança não pode ser garantida na totalidade, bastando que aumente gradualmente.

O Secure ID (fornece resposta ao intervalo de tempo atual) e o Digipass são alguns dos tokens de hardware utilizados para efeitos de autenticação de entidades. Alguns aplicam MAC sobre mensagens encriptadas para fornecer autenticação de transação.

A segurança do sistema bancário ou dos bancos WAP (Wireless Application Protocol) pode ser melhorada através da utilização de carteiras sem fios especiais que podem aumentar consideravelmente a segurança da Internet. Os dispositivos móveis (PDA) também são úteis para garantir a segurança do banco e a autenticação da entidade e da transação, além de executarem vários mecanismos de criptografia. A ligação entre o PC de secretária ou o telefone WAP e o dispositivo móvel é feita com a ajuda de uma interface de infravermelhos ou com um dispositivo Bluetooth.

O conceito de token é tal que, se um token for destruído, pode dar origem a um grande problema que pode ser resolvido através da emissão de um novo token para o cliente ou para todos os seus utilizadores. Neste mecanismo, todos os tokens têm as suas próprias chaves criptográficas diferentes para os diferenciar de todos. As chaves simétricas são todas semelhantes e, por conseguinte, para conter todas as chaves secretas, é criada uma base de dados segura que é partilhada pelo banco com os seus utilizadores, razão pela qual utilizamos o conceito de número de série único no qual as chaves secretas são criadas criptograficamente. Acima de tudo, existe uma chave mestra que é comum e igual para todos os tokens. Cada utilizador utiliza a sua chave diferente e partilha-a com o banco. O problema da segurança da base de dados não existe nas chaves assimétricas.

Desafio/Resposta

O esquema de desafios/respostas pode ser implementado com a ajuda de fichas de hardware. As fichas de hardware são fichas de autenticação que facilitam a utilização dos serviços pelos utilizadores. Utilizando o conceito de chave secreta, o cliente autentica-se junto do banco utilizando esta chave secreta, dando uma resposta adequada a um desafio aleatório. A ideia básica deste esquema é fornecer autenticação de entidade e há dois tipos de esquemas de resposta que são desafios simétricos e assimétricos. No esquema simétrico, é utilizada a técnica de autenticação MAC on time ou o desafio aleatório do banco. (Soroor, 2015)

7.0 Implementação da aplicação bancária em linha

A aplicação é desenvolvida utilizando Java como front end e MySQL como back end da aplicação. A segurança da aplicação desenvolvida foi assegurada por um sistema de prevenção de intrusões, um sistema de deteção de intrusões e também por uma autenticação de dois factores.

7.1 Tecnologias de front-end e back-end

Java é uma linguagem de programação orientada para objectos desenvolvida pela Sun Microsystems. A linguagem Java é utilizada porque é a plataforma mais segura para aplicações tão complexas e exigentes em termos de segurança. O applet e o servlet de Java ajudam no desenvolvimento da aplicação. O applet Java é utilizado para alterar a cor do texto quando um utilizador utiliza o cursor sobre ele. É como passar o cursor sobre o texto. O Java é compatível com vários navegadores e sistemas operativos. Exceptuando o mecanismo de segurança interno do Java, este permite acrescentar mais segurança ao código para melhorar a aplicação. As soluções de compromisso do Java são determinadas de forma adequada para implementar a aplicação Web da banca em linha. Quando falamos de Java, é necessário descrever a JVM. A máquina virtual java é a sua orientação para a rede. A JVM torna o Java independente da plataforma, com mobilidade de rede e segurança. Outra terminologia do Java é o kit de desenvolvimento Java, que contém todo o software e ferramentas. O JDK é um protocolo típico com ferramentas de linha de comandos.

O MySQL é um RDBMS (sistema de gestão de bases de dados relacionais) de código aberto. O dinamismo desta base de dados motiva a sua utilização. Os protocolos de segurança da base de dados podem ser utilizados. Com o java, torna-se uma ferramenta fiável. Pode tratar grandes volumes de dados com vários serviços Web. Os serviços Web desempenham um papel fundamental nesta aplicação.

Os módulos desta aplicação Web são os seguintes:

- Iniciar sessão na conta
- Sair da conta
- Mecanismo de autenticação
- Detalhes da transação
- Informação ao cliente
- Conta de empréstimo
- Serviços

Este sistema será acessível a todos os clientes que possuam uma identificação de utilizador e uma senha válidas. Este sistema oferece as seguintes facilidades:

- Consulta de saldo.
- Transferência de fundos para outra conta no mesmo banco.
- Pedido de livro de cheques/alteração de endereço/interrupção do pagamento de cheques.
- Visualização de extractos mensais e anuais.

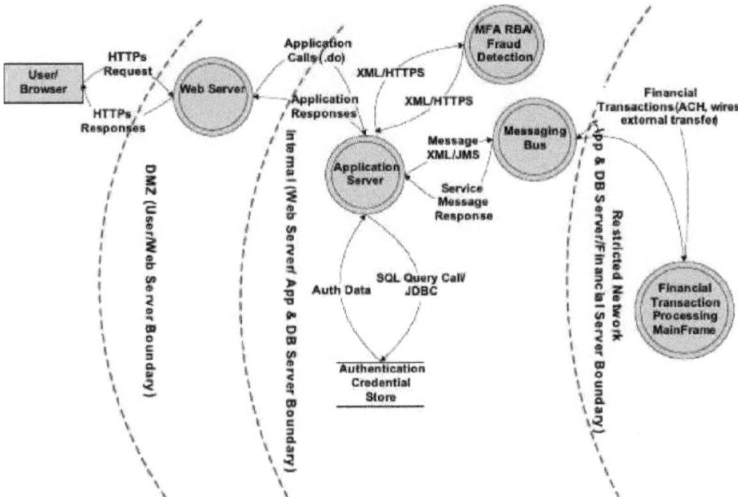

Figura 7- DFD para a Banca Online desenvolvida

(Fonte da imagem: OWASP)

Para criar uma aplicação Web segura para o sistema bancário em linha, adicionamos o IDS e o IPS para proporcionar mais segurança.

7.2 Sistema de deteção de intrusão

A deteção de intrusões é uma técnica utilizada anteriormente para detetar ataques graves em toda a rede que já tenha entrado. Foram tidos em consideração diferentes tipos de IDSs. Estes baseiam-se no tipo de ataques. É classificado como rede inteira, sub-rede ou um anfitrião. Na fase de implementação, os IDSs determinam a camada do modelo OSI que será incluída com base na sua gama de funcionamento. A vacina Gnipper, uma resposta dinâmica à intrusão, foi destacada.

Trata-se de uma ação destinada a reduzir os ataques de negação de serviço com a ajuda de agentes dinâmicos. Embora a abordagem adoptada tenha dado uma resposta eficaz com um custo muito reduzido, o trabalho futuro centrar-se-á no desenvolvimento de um "modelo de confiança" eficiente. Em 2006, foi desenvolvido um NIDS de correspondência de padrões. É composto por quatro módulos: módulo de recolha, módulo de análise, módulo de resposta e biblioteca de regras de ataque. Baseia-se na arquitetura do quadro comum de deteção de intrusões (CIDF) e na tecnologia madura de deteção de intrusões (MIDT). No futuro, funcionará também na deteção de anomalias. O motor IDS tem um método de proteção baseado numa rede neural que, por sua vez, se baseia em técnicas de marca de água. Este motor trabalha em dois domínios de investigação, a saber, a representação visual e a marca de água. No passado, estas duas áreas de investigação não foram utilizadas nas redes móveis ad hoc (MANET). A fim de conseguir a deteção de intrusões, a utilidade do eSOM e da representação visual foi indicada. O trabalho futuro inclui a deteção de vários tipos de ataques e o teste de MANET reais. Também é necessário desenvolver a técnica contra ameaças de worms, intrusos, phishers e atacantes. Utilizando as capacidades de VLAN dos comutadores modernos, esta tarefa foi concluída de forma flexível. As duas vantagens encontradas foram: aspectos operacionais nas redes actuais e a utilização de PCs puramente flexíveis para monitorizar a LAN, e não o algoritmo que está escrito de forma a ser difícil de reconstruir. A segurança da banca em linha exigia-o para o processamento do tráfego WAN. Outra técnica de extração de caraterísticas é o sniffing de toda a rede. Ilustra uma compreensão clara da extração de caraterísticas em tempo real para a deteção de intrusões. Foi efectuado um mapeamento entre as caraterísticas da rede e o domínio de ataque da rede. A fim de encontrar caraterísticas importantes, o IDS/IPS efectuou uma análise estatística das subcaracterísticas. A investigação foi iniciada com o objetivo de detetar ataques sem estado por fluxo. Isto mostra que o compromisso entre a exaustividade e o desempenho não é uma tarefa difícil. Depois de algumas modificações efectuadas na conclusão parcial, nos ataques Dos baseados na largura de banda e nos ataques baseados em varrimento, o problema continua a ser difícil de resolver. Na banca segura, é necessário para questões como o aliasing comportamental e a falsificação.

Tudo isto deve ser implementado quer por orientação do analista quer no plug-in NIDS. No futuro, parece que tanto o risco de ataques como a carga de trabalho do analista podem melhorar. BigNell, a arquitetura de segurança da banca Internet foi calculada e foram utilizados métodos de deteção de anomalias. Um modelo de deteção de fraude tem a capacidade de limitar o nível atual de fraude com as técnicas existentes para a prevenção da fraude. Para uma rede segura na banca em linha, foi inicialmente desenvolvido um protótipo para validar a técnica da máquina e a sua eficácia. Para a eficácia das deduções do motor de inferência e das ferramentas de recolha de informações, o protocolo de iniciação de sessão (SIP) parece prometedor. Para reduzir as taxas de falsos positivos em MANET, os nós móveis são utilizados num quadro teórico. No ano de 2006, foi discutido um IRSS (Incident Response Support System) que correlaciona eventos actuais e passados com ataques de categorias superiores. Embora o protótipo tenha sido desenvolvido, estão a decorrer experiências para avaliar o desempenho. No futuro, serão estudadas novas métricas e algoritmos de similaridade. Para identificar a utilização não autorizada de telecomunicações móveis em operações bancárias em linha, foram demonstradas técnicas de deteção. Como resultado, cria-se o perfil do utilizador final em redes sem fios. O problema IDS é composto por uma classificação de padrões de duas classes em que a regra de decisão de Bayes é aplicada aos dados recolhidos. No futuro, é necessário acrescentar mais funcionalidades para tornar o sistema mais robusto. Para a deteção, prevenção e comunicação de ataques de injeção de SQL (SQLIAs), foi introduzida uma técnica automatizada. Foram também apresentados os resultados obtidos com base em várias métricas. Nas aplicações web bancárias, as soluções para as questões de segurança permitem uma navegação fácil em direção aos serviços bancários da próxima geração.

7.3 Sistemas de prevenção de intrusões

Trata-se de uma técnica proactiva que impede a entrada de códigos maliciosos, worms e outras ameaças no sistema através da rede. Sabemos que alguns dos ataques penetram nos sistemas de prevenção de mecanismos de intrusão. Por esta razão, são adoptadas novas metodologias para validar o sistema dinâmico de deteção de intrusões. Estas metodologias foram desenvolvidas para o Cisco Security Agent versão 4.5 e o McAfee Intercept versão 5.0. De acordo com os resultados obtidos, nenhum dos produtos fez jus ao desempenho declarado, mas a Cisco tem um ótimo desempenho tecnológico e o seu produto dá melhores resultados. Os principais problemas dos actuais IDS e IPS são a eficácia, tal como indicado nos resultados. No ambiente SAN (Storage Area Network), é aplicada uma técnica de segurança da informação que é a prevenção conjunta múltipla. A aplicação desta técnica, embora melhore o mecanismo de deteção de intrusões de uma forma muito mais eficaz, continua a ser necessário melhorar a comunicação de erros deste mecanismo nos IDS e é também necessário ter em conta alguma quantidade de informação num futuro próximo. O TCAM (Ternary Content Addressable Memory) é um algoritmo para a correspondência múltipla de padrões e é considerado para o mesmo efeito. Um mecanismo de facto conhecido como a sintaxe de regras do Snort é compatível com esta técnica de sistema de prevenção de intrusões. O sistema de prevenção de intrusões para a rede oferece várias vantagens em comparação com os dispositivos de prevenção de intrusões existentes. É feita uma investigação sobre a condição necessária para uma aplicação que se destina à deteção de intrusões. Esta investigação é demonstrada através do desenvolvimento de um SAFE (motor de arquitetura segura resistente a falhas). Esta técnica trata de todos os problemas relacionados com os IPS e elimina as falhas comuns nos IPS actuais. No contexto do phishing, da proteção e distribuição de dados tácteis e da escalabilidade, é necessária mais investigação. As fases de avaliação e implementação estão quase concluídas. Em 2007, foi realizada outra investigação relacionada com os componentes do SO (sistema operativo) e a teoria do perigo. Para alcançar a versão superior dos sistemas IPS, é necessário mais trabalho. Outra categoria de ataque é a dos ataques de transbordo de memória intermédia, que podem ser evitados através da utilização de uma estrutura.

Trata-se da técnica mais antiga e universal, que foi introduzida em 2006. A estrutura criada é utilizada para a criação de uma ferramenta eficaz de prevenção de transbordamento de memória intermédia.

Um argumento que é formalmente afirmado é que a prevenção da integração de endereços é uma condição obrigatória para a prevenção de transbordamento de tampões. Para evitar os ataques de "buffer overflow", são dadas mais explicações para apoiar muitos métodos baseados em hardware. Foram introduzidos muitos ataques de "buffer overflow" capazes de penetrar em todas estas soluções de ataque. Uma das técnicas mais importantes para o fluxo de memória intermédia é o "Secure Bit", que protege os dados não controlados contra o fluxo de memória intermédia e continua a ser utilizada. O PrISM (Sistema Preventivo de Gestão da Segurança da Informação) tem por objetivo o desenvolvimento e a aplicação do ISMS (Sistema de Gestão da Segurança da Informação), uma boa solução para a gestão da segurança da informação. OSSIM (Open Source Security Information Management) é uma solução de engenharia inversa para este problema. Foi introduzido outro modelo, o HIDS (Host Intrusion Detection System) baseado em N-gramas, que é um método para lidar com o IPE (Impossible path execution) e o ataque de imitação. Esta técnica é peculiar e é representada por um módulo designado por módulo ofuscador que se comporta de forma a que a sobrecarga seja de 5,9% com elevada precisão do que o HIDS. Utilizando o módulo obfuscator para detetar os ataques IPE.

8.0 Método de autenticação - Implementado na aplicação bancária desenvolvida

A autenticação multifactor é utilizada nesta aplicação. A autenticação multifactor utiliza os seguintes mecanismos para garantir a segurança da rede para desenvolver um sistema bancário alfa seguro na Internet.

1. Palavra-passe
2. Palavra-passe única
3. Imagem da assinatura
4. Duas perguntas de dicas e resposta

1. Palavra-passe - A palavra-passe é a autenticação de nível básico. Para este efeito, é utilizado o mecanismo de palavra-passe estática. É o mecanismo de palavra-passe de autenticação mais comum. Baseia-se no método de "prova de conhecimento". Os métodos de palavra-passe estática são utilizados na maioria das aplicações Web na Internet. A palavra-passe pode ser numérica, de texto ou alfanumérica e de símbolos. Está sujeita a todos os ataques ao sistema. As palavras-passe estáticas fornecem apenas uma autenticação única, que é feita quando o utilizador interage pela primeira vez com o sistema. A limitação destas palavras-passe reside no facto de a maior parte das técnicas de pirataria informática serem implementadas para as mesmas. A captura de palavras-passe, a repetição e o phishing são os ataques mais frequentes a esta metodologia. Por conseguinte, é eficaz porque depende apenas do utilizador e dos factores que utiliza. O serviço e os protocolos de segurança do sítio Web também desempenham um papel na segurança das palavras-passe estáticas. Esta pode ser capturada através de um ataque à camada de ligação segura (SSL) do sítio Web. O mecanismo de divisão é sobretudo utilizado na pirataria da palavra-passe estática.

2. Palavra-passe única - Baseia-se no mecanismo de palavra-passe dinâmica. É utilizada para garantir a segurança contra ataques passivos ao sistema bancário. A autenticação OTP é implementada no sistema desenvolvido. A OTP funciona utilizando o conceito de criptografia simétrica com o protocolo de segurança do sistema. O método de encriptação e desencriptação é realizado para verificar o utilizador genuíno. A OTP será enviada por SMS. É seguro porque é gerada uma nova OTP aleatória para cada transação e o código é enviado diretamente ao utilizador. O sistema utiliza a chave simétrica para gerar e partilhar o código com o utilizador.

3. Imagem da assinatura - É uma das práticas de autenticação mais seguras. O sistema bancário em linha desenvolvido utiliza a assinatura registada no banco ou no sistema. Basicamente, a verificação da imagem da assinatura tem duas categorias: off-line e on-line. A autenticação off-line é complexa. Utiliza a imagem 2-D e faz a correspondência. Não utiliza as caraterísticas dinâmicas. No mecanismo que aplicamos, este regista o gesto da caneta quando o utilizador regista a sua assinatura. As funções medidas são a velocidade, a aceleração e a pressão da caneta com tempo de cálculo. O sistema desenvolvido utilizará esta autenticação para transacções de alto nível.

4. **Perguntas e respostas com duas pistas** - Trata-se de uma autenticação baseada no conhecimento. Este mecanismo de autenticação consiste em várias perguntas, imagens e outros elementos baseados nos dados fornecidos pelo utilizador ao banco. Se os utilizadores autorizados acederem aos serviços do banco, este pode saber a resposta. Trata-se, normalmente, de uma autenticação biométrica comportamental baseada nas informações. É sempre considerada a segunda camada de autenticação. É classificado como o mecanismo de palavra-passe estática. Evita os ataques UT e U1 e impede os códigos maliciosos. Os códigos maliciosos podem copiar as respostas e recolher os conhecimentos de um determinado utilizador. O mecanismo de autenticação baseado no conhecimento enfrenta geralmente o ataque "man in the middle". O phishing pode arruinar este mecanismo.

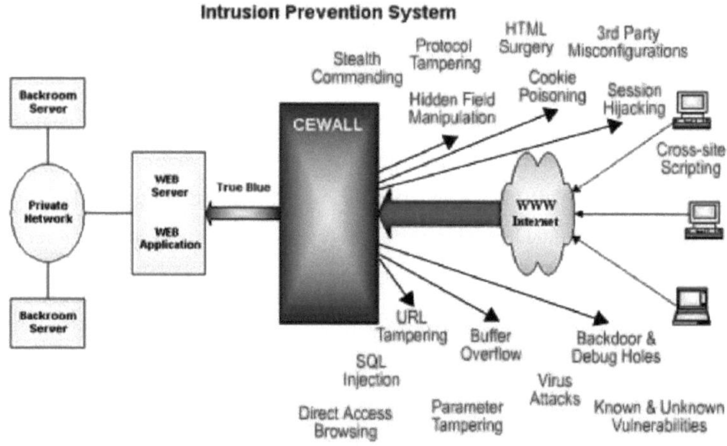

Figura 8 - Sistema de prevenção de intrusões - Apresentação esquemática

São três as categorias de prevenção e deteção de intrusões:

Para eliminar as deficiências deste sistema combinado de prevenção e deteção de intrusões, são utilizados métodos proactivos e tradicionais. Para eliminar a carga sobre os sensores, são utilizados separadores de tráfego activos. Com esta utilização, o desempenho da prevenção e da deteção é melhorado. O desempenho dos sensores foi melhorado e também em termos de custos. Também no caso das redes móveis, foi utilizado um agente inteligente para este sistema de prevenção. Ao nível dos pacotes ou de vários níveis, a eficiência será melhorada no que respeita à redução do tempo e ao desempenho no que respeita à taxa de previsão do sistema, aplicando a formação dos utilizadores e as suas instâncias. A execução do protocolo de iniciação de sessão (SIP) IDS e IPS, ou seja, a arquitetura de deteção e prevenção de intrusões, é feita utilizando um software normalizado denominado Snort. Os atributos do serviço não foram privados como os resultados sugeriam; por conseguinte, são necessários mais avanços no pacote de voz sobre a Internet para os sistemas de deteção e prevenção de intrusões. Com base na rede de crenças Bayesiana, foi apresentado um novo conceito ESIDE-DEPIAN. Com a ajuda deste conceito, podem ser analisados os dois tipos de ameaças, ou seja, as conhecidas e as desconhecidas. Este modelo é designado por UIDP (Unified Intrusion Detection Paradigm - paradigma unificado de deteção de intrusões). Foram introduzidas novas tecnologias, como a extração e armazenamento de dados e os agentes móveis, que são utilizadas noutras aplicações baseadas no sistema de deteção e prevenção de intrusões. Vários componentes deste sistema, como o dispositivo de resposta, o dispositivo de alerta, o dispositivo de configuração, o detetor e o sensor de dados, são utilizados para o mecanismo baseado em anomalias e o mecanismo baseado em assinaturas. Foram também introduzidos sistemas de reação em tempo real para ID e IP. Para reduzir os alarmes inadequados, foram examinados novos sensores de deteção de intrusão. Para o melhorar, foi implementado novo software aberto, como o Honeypot, o Snort e o MySQL. Inclui-se um protótipo baseado na fusão que apresenta a conceção de uma base de dados que fornece sensores de fusão de dados eficientes. Este protótipo baseia-se num sistema de deteção de intrusões. A rede da empresa e a sua seleção para dispositivos móveis para controlar todos os sinais dentro da rede são concebidas. Alguns sinais importantes, tais como portas abertas, limiares de utilização de energia e assinaturas de energia. O sistema fornece uma rede de avaliação legível, na qual as comunidades ajudarão a manter a rede empresarial. Os ataques ao fluxo dos meios de comunicação e a injeção de SQL foram introduzidos para proteger vários modelos de segurança, como a plataforma de prestação de serviços (SDP) IMS (IP Multimedia Subsystem), a fim de ganhar a confiança dos clientes contra ataques independentes. Assim, terminamos aqui com a descrição do (sistema de deteção e prevenção de intrusões) que evita a perda de dados de mensagens ou informações e o ataque aos fluxos de meios de comunicação de entrega do subsistema multimédia IP. Os resultados recentes e as experiências realizadas em fraunhofer no Sistema Multimédia IP aberto testado mostram uma menor quantidade de atraso no Sistema de Deteção e Prevenção de Intrusões. Mais tarde, nos pormenores subsequentes, apresentaremos mais alguns pontos relativos à segurança da informação. O principal objetivo deste capítulo é a segurança unificada, que será explicada mais adiante. (Akujuobi, Ampah e Annamalai, 2015)

9.0 Capturas de ecrã da aplicação desenvolvida

1 . No primeiro início de sessão, será pedido ao utilizador que altere a palavra-passe e volte a iniciar sessão. No novo início de sessão, será pedido ao utilizador que complete o perfil

> Selecionar duas perguntas e respostas de segurança

> Selecionar imagem de assinatura para fins de segurança

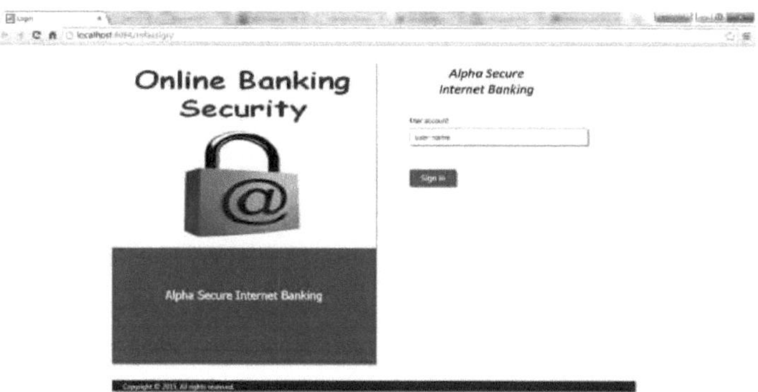

Figura 9- Início de sessão com o utilizador A1001

2 Depois de completar o perfil, o utilizador tem de terminar a sessão e iniciar novamente a sessão. Depois de clicar em assinar, será apresentado o ecrã de autenticação multifactor, conforme indicado abaixo

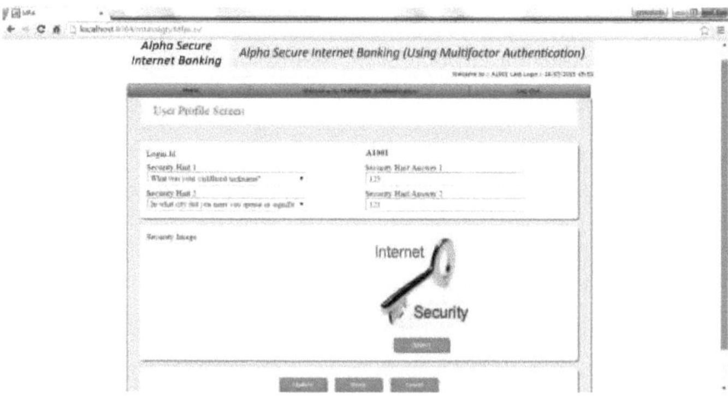

Figura 10- Procedimento de re-login

3. Introduzir o OTP recebido no correio eletrónico

> Introduzir a palavra-passe e a palavra-passe para HINT 1 e HINT 2, Incluindo verificar a

imagem se for a mesma utilizada no perfil.

> Clique em Iniciar sessão

> Aparece a janela principal

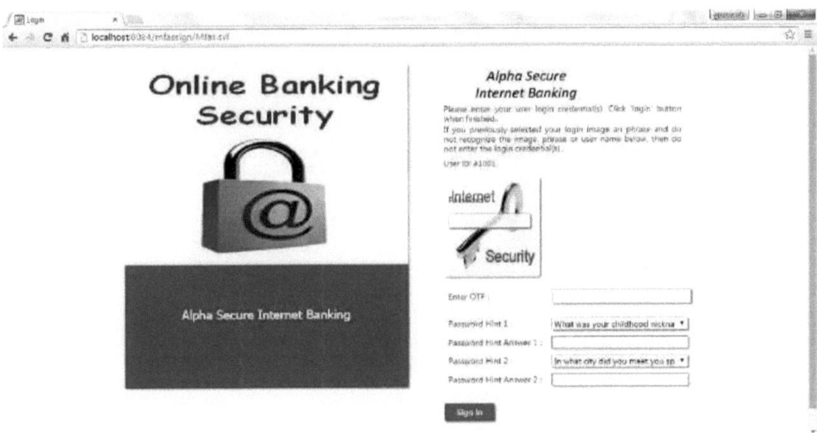

Figura 11- Autenticação

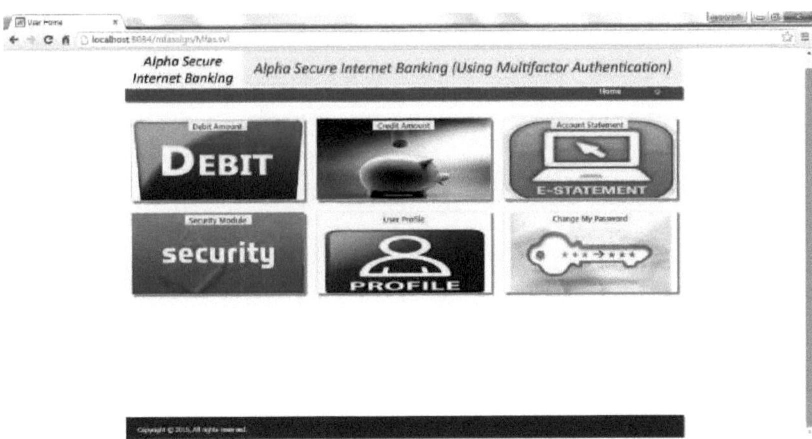

Figura 12- Painel de controlo da aplicação

4. Caraterística de débito para debitar o montante em dinheiro

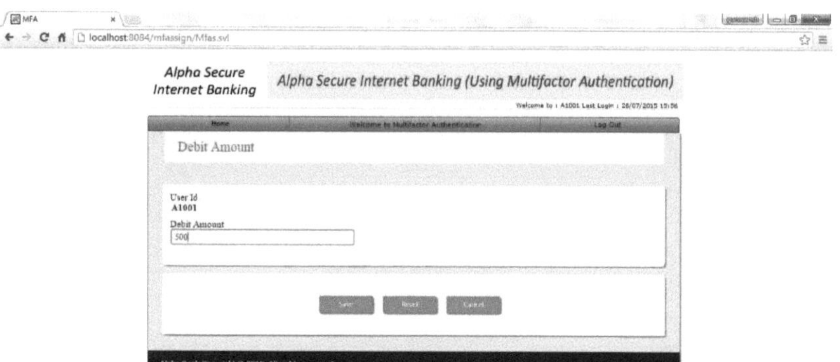

Figura 13- Função de débito

5. Função de crédito para adicionar um montante à conta

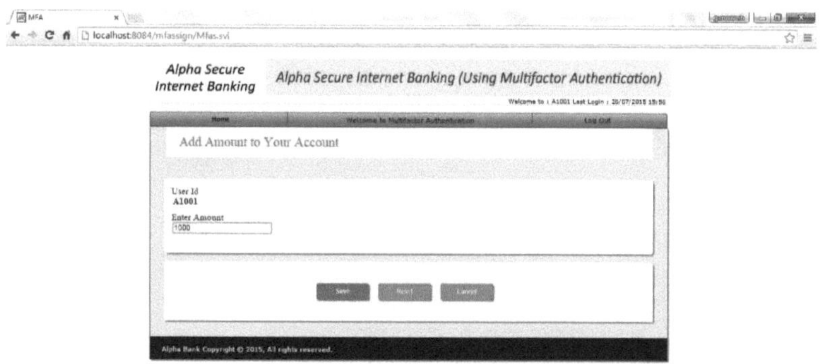

Figura 14- Elemento de crédito

6. Extrato de conta

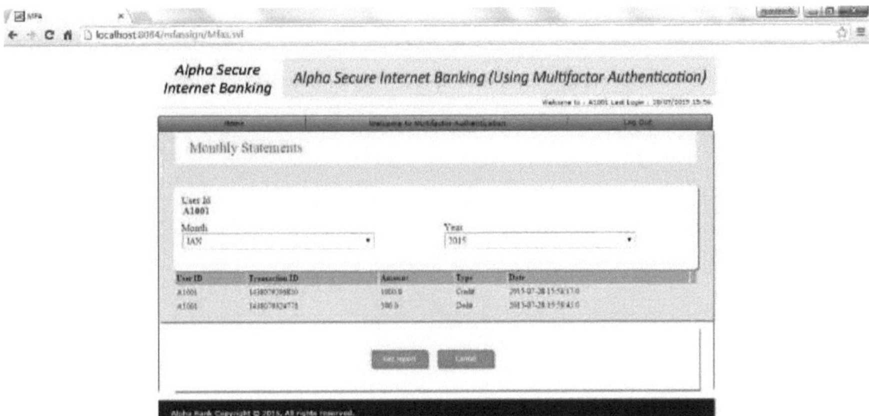

Figure 13- Extrato de conta

7. Opção de segurança para criar um novo recurso no sistema

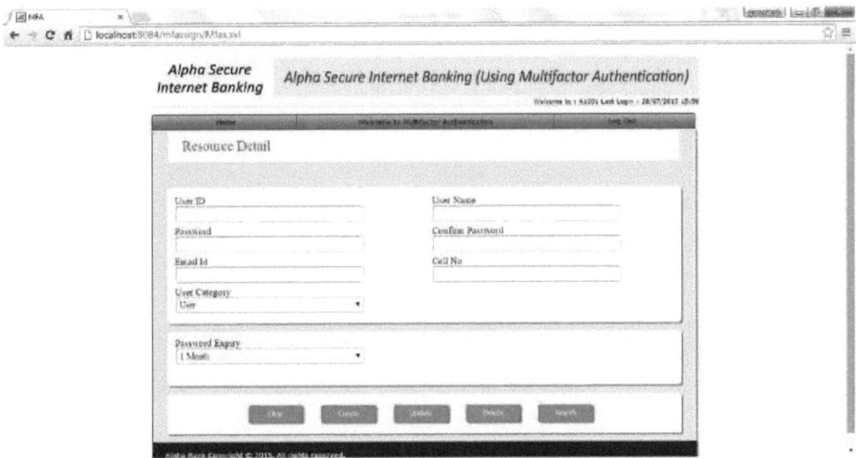

Figure 14- Detalhes do recurso

8. Página Perfil do utilizador

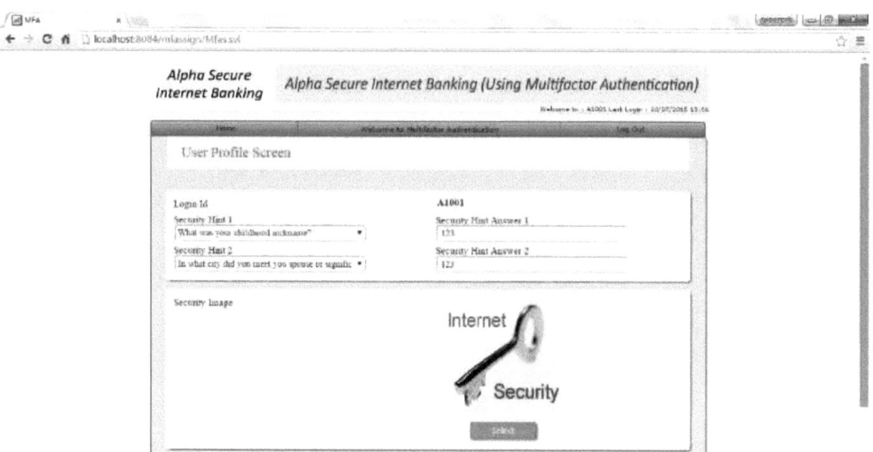

Figura 17- Página do perfil do utilizador

9. Página para alterar a palavra-passe

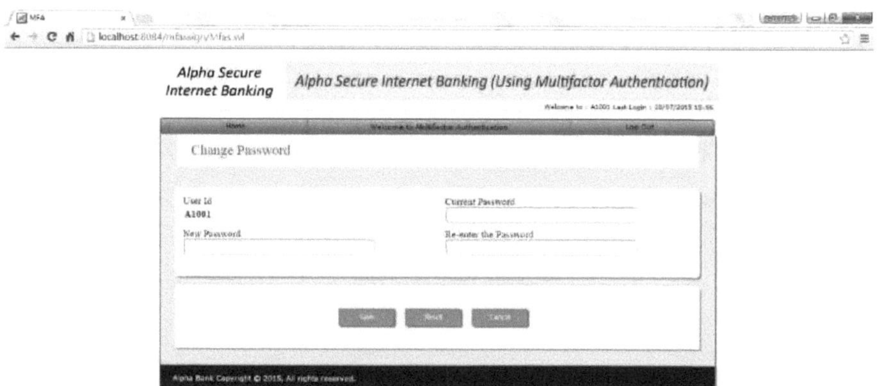

Figura 18- Alterar a palavra-passe

10. Funcionalidade adicional de POP up para alteração da palavra-passe do perfil e encerramento da sessão.

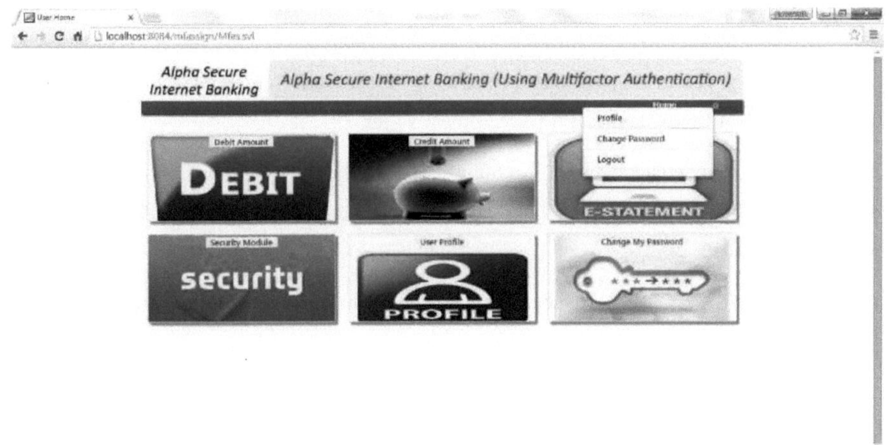

Figura 19- Janela pop-up

10.0 Referências

hynes, l. (2015). The adoption of internet banking in ireland. [em linha] Disponível em: http://trap.ncirl.ie/294/4/Linda_Hynes.pdf [Acedido em 14 jul. 2015].

Kaur Jassal, R. e Kumar Sehgal, R. (2015). Online Banking Security Flaws: A Study. [em linha] Disponível em: http://www.ijarcsse.com/docs/papers/Volume_3/8_August2013/V3I2-0257.pdf [Acedido em 16 Jul. 2015].

Bankmuscat.com, (2015). Ameaças à segurança bancária na Internet. [online] Disponível em: http://www.bankmuscat.com/en-us/ConsumerBanking/BankingChannels/InternetBanking/Pages/Internet-Banking-Security-Threats.aspx [Acedido em 24 Jul. 2015].

Bajpai, B. (2015). Gestão da banca eletrónica: Impact, Risks, Security. [em linha] Khandwa (M.P.). Disponível em: http://www.academia.edu/324780/E-BANKING_MANAGEMENT_IMPACT_RISKS_SECURITY [Acedido em 24 Jul. 2015].

Duncan, R. (2001). Uma visão geral dos diferentes métodos e protocolos de autenticação. [em linha]. Instituto SANS. Disponível em: http://www.sans.org/reading-room/whitepapers/authentication/overview-authentication-methods-protocols-118 [Acedido em 24 Jul. 2015].

Akujuobi, N., Ampah, A. e Annamalai, C. (2015). Uma Técnica de Deteção de Intrusão Baseada em Canais de Comunicação Binários Discretos. [online] Disponível em: http://cdn.intechopen.com/pdfs/14367/InTech-An_intrusion_detection_technique_based_on_discrete_binary_communication_channels.pdf [Acedido em 24 Jul. 2015].

Soroor, J. (2015). Implementação de um sistema seguro de Internet/banco móvel no Irão. Journal of Internet Banking and Commerce. [em linha] Disponível em: http://www.arraydev.com/commerce/JIBC/2006-02/Soroor.asp [Acedido em 24 jul. 2015].

Innerfence.com, (2015). Apple Pay Pagamentos sem contacto com NFC - Inner Fence. [online] Disponível em: https://www.innerfence.com/apple-pay-iphone-watch-nfc-contactless-payment [Acedido em 24 Jul. 2015].

Apple, (2015). Apple - Apple Pay. [online] Disponível em: https://www.apple.com/apple-pay/ [Acedido em 24 Jul. 2015].

Fórum NFC, (2015). Sobre a tecnologia - Fórum NFC. [online] Disponível em: http://nfc-forum.org/what-is-nfc/about-the-technology/ [Acedido em 25 Jul. 2015].

Sharma, D. (2015). Blogue - Bell Technology. [online] Bell Techonology. Disponível em: http://www.belltechnology.in/mastercard-application-for-selfie-authentication/ [Acedido em 24 Jul. 2015].

Prasad, M. e Kumar, S. (2015). Factores de autenticação para a banca pela Internet. Trabalho do IDRBT

Paper No. 11. [em linha] Disponível em:

http://www.idrbt.ac.in/publications/workingpapers/Working%20Paper%20No.%2011.pdf [Acedido em 24 Jul. 2015].

A. Gadgil, A. (2014). Abordagens de autenticação para bancos online. Revista Internacional de Pesquisa Avançada em Ciência da Computação e Engenharia de Software, [online] 4(11). Disponível em: http://www.ijarcsse.com/docs/papers/Volume_4/11_November2014/V4I11-0439.pdf [Acedido em 28 Jul. 2015].

Apêndice-A

Medidas de segurança para a banca em linha

Controlos de rede

- É necessário implementar os protocolos de segurança adequados para tornar a aplicação Web segura no sistema de rede pública e interna. A rede interna do sistema deve ser segmentada de acordo com os dados armazenados e os sistemas ligados.
- O servidor e a base de dados devem ser configurados de forma a que as firewalls e o browser não se oponham. As firewalls devem ser instaladas entre as redes externa e interna.
- As pistas de auditoria e os registos de segurança dos acessos devem ser mantidos. É utilizado para analisar o tráfego no sítio. Os esforços de intrusão e as actividades suspeitas podem ser facilmente descobertos após a análise.

Controlos de sistemas operativos

- O sistema operativo deve ser configurado com as definições de segurança mais elevadas. Isso ajuda a desenvolver uma camada adicional de segurança e as actualizações e correcções serão feitas de acordo com essa configuração.
- O sistema deve notificar a reposição das palavras-passe aquando da nova instalação de software não seguro. Os intrusos obtêm o acesso instalando o seu software corrompido que ataca o registo do sistema.

Desenvolvimento e aquisição

- O desenvolvimento, a produção e os testes do sistema devem ser efectuados num ambiente lógico diferente, que permita obter melhores resultados.
- O ambiente separado também deve ser fornecido para a integração, a sua primeira aparição na Internet. O ambiente de produção requer apenas a Internet.

Autenticação de sites e serviços bancários móveis

- A autenticação do sítio Web tem de ser efectuada para evitar sítios Web falsos. A técnica de autenticação deve ser utilizada para proteção.
- Os protocolos de autenticação utilizados para autenticar os operadores de redes sem fios.

Auditoria Independente, Teste de Vulnerabilidade e Teste de Penetração

- Exigir a avaliação da eficácia do processo de gestão do risco para a aplicação Web em funcionamento

- O teste de vulnerabilidade será realizado para avaliar os controlos e procedimentos internos e as políticas de segurança. A avaliação deve ser efectuada com recurso aos últimos desenvolvimentos tecnológicos e à compreensão da segurança da rede.

Formação de pessoal de TI

- A formação adequada de acordo com o sistema será ministrada ao pessoal de TI para o serviço bancário em linha especial. A formação deve ser orientada para a rede e incluir os riscos de segurança, de modo a compreender as potenciais ameaças para o desenvolvimento da aplicação Web.

Apêndice-B

Pontos para a sensibilização dos clientes

Para confirmar a segurança total das transacções bancárias em linha, o consumidor tem de estar consciente do seu papel na segurança das operações bancárias em linha. Esta inclui os seguintes aspectos:

ID de início de sessão e palavra-passe ou PIN

- O nome de utilizador e a palavra-passe devem ser secretos e não devem ser divulgados.
- Não utilize coisas comuns como palavra-passe, como o e-mail, o nome do cônjuge, a data de nascimento, etc.
- A palavra-passe deve ser alterada em intervalos de tempo regulares. Os símbolos gráficos são as novas opções, que motivam a utilização do teclado virtual e dificultam a compreensão da palavra-passe.

Manter as informações pessoais privadas

- Não revele os dados bancários, ou seja, o número da conta bancária, o MMID, o código Swift, o número de telemóvel, a morada, etc., a menos que o destinatário seja de confiança. Os bancos nunca pedem informações deste género.

Acompanha as transacções em linha

- O cliente tem de verificar os detalhes da transação e registá-los. Garante que não são efectuadas transacções não autorizadas.
- É importante verificar e validar os extractos mensais. Ajuda a analisar os erros dos bancos e dos seus produtos.
- Contactar imediatamente o pessoal do banco se houver problemas com os dados da transação.

Verificar se o sítio Web é correto e seguro

- Não efectue qualquer transação no sítio Web que não utilize o protocolo HTTPS e verifique também o nível de segurança desse sítio Web. Existem alguns sítios Web falsos que podem piratear os dados do utilizador.

Printed by Books on Demand GmbH, Norderstedt / Germany